とりあえず

日本語能力試験対策

N2
読解

上田暢美　内田嘉美　桑島卓男　糠野永未子

吉田歌織　若林佐恵里　安達万里江

ココ出版

とりあえず… (「はじめに」の代わりに…)

　みなさん、こんにちは。はじめまして。「とりあえず」この本を開いたみなさん、とてもラッキーですよ。日本語能力試験合格に一歩近づいたと思います。

　なぜなら、この本は問題数が多いからです。私たちは長年の日本語教師の経験から、合格のためには多くの問題を解いて、知らない語彙や表現を知ることで合格へ近づけると考えています。そこで、実際の日本語能力試験の形式に基づいた問題数の多い問題集を作りました。

　合格をめざしてたくさんの問題にチャレンジできます。実際の試験のように時間を計って、問題を解いてみてください。間違えた問題はもう一度解いてください。覚えるまで何度も何度も解いてみてください。そうすれば、合格は目の前です。

　さあ、「とりあえず」ページを開いて、「とりあえず」解いて、「とりあえず」覚えてみてください。そして合格してください。応援しています。

著者一同

目 次

この本の使い方 ———————————————————————

　本書はアウトプットの練習として使うことを考えていますが、インプットの手段としても利用することができます。つまり、あなたの今の力を実戦形式で測ることと、新しい知識を得ることの両方ができるのです。

　以下に簡単な使い方を書いておきますので参考にしてください。

1．何度も解くことをお勧めします

　テスト勉強では、絶対量が大切です。特に、間違えた問題をそのままにしておくと、解いた意味がありません。何度もやり直して知識を定着させましょう。

＝＝＝

例）

4回解く

　　1回目：直接書き込まないでノートにやる。できなかったものには印をつけておく

　　2回目：直接書き込まないでノートにやる。印のあるものを解く。再びできなかったものには新たに印をつけておく

　　3回目：直接書き込まないでノートにやる。新しい印のあるものを解く

　　4回目：時間を計って全問解く。目安の時間よりも短い時間で解くようにする

＝＝＝

2．通しでやる必要はありません

　すき間時間＝バスや地下鉄の中など＝にやってみる。机に向かって勉強するだけが唯一の方法ではありません。

3．わからなければ解答を見る

　最終的に、本試験当日にできればよいのです。そのために「考えてもわからない」問題は積極的に解答を見て、知識を得、身につけるようにしてください。

4．スピード優先

　1ページ目から時間をかけてすべてを理解しようとする必要はありません。どうせ何回も解くのですから、最初は全体の半分でも理解できればいいや、という具合に気楽に考えてください。2回目、3回目で頭に入ればいいのです。そのためにも、立ち止まらずにさっさと進めて行ってください。

達成表

	例	第1回	第2回	第3回	第4回	第5回
1回目	8					
2回目	13					
3回目	18					
4回目	21					

解き終わったら、
21問中何問正解だったか
書き込みましょう

日本語能力試験（JLPT）の概要

原則として日本語を母語としない人を対象に、日本語能力を測定し認定する、世界最大規模の日本語の試験です。1984年に始まり、2010年に新形式となりました。N5からN1までの5レベルに分かれています。

▶**主催**

　　国内：国際交流基金と日本国際教育支援協会の共催

　　海外：国際交流基金が各地機関の協力を得て実施

　　　　※台湾では公益財団法人日本台湾交流協会と共催

▶**開催時期**：7月と12月の年2回（開催場所によっては年1回）

▶**開催場所**：日本の47都道府県。海外の開催都市については公式サイトを参照

試験の詳細・最新情報については公式サイトをご覧ください。　https://www.jlpt.jp

N2について

▶**時間**

　　言語知識（文字・語彙・文法）・読解 ………… 105分

　　聴解 …………………………………………… 50分

▶**得点**

総合得点		得点区分別得点					
		言語知識 （文字・語彙・文法）		読解		聴解	
得点の範囲	合格点	得点の範囲	基準点	得点の範囲	基準点	得点の範囲	基準点
0〜180点	90点	0〜60点	19点	0〜60点	19点	0〜60点	19点

合格するためには、①総合得点が合格に必要な点（＝合格点）以上であること、② 各得点区分の得点が、区分ごとに設けられた合格に必要な点（＝基準点）以上であること、の二つが必要です。一つでも基準点に達していない得点区分がある場合は、総合得点がどんなに高くても不合格になります。

得点は、「尺度得点」を導入しています。尺度得点は「等化」という方法を用いた、いつも同じ尺度（ものさし）で測れるような得点です。尺度得点を利用することで、試験を受けたときの日本語能力をより正確に、公平に、得点に表すことができます。

▶認定の目安

　　日常的な場面で使われる日本語の理解に加え、より幅広い場面で使われる日本語をある程度理解することができる。

<u>読む</u>

・幅広い話題について書かれた新聞や雑誌の記事・解説、平易な評論など、論旨が明快な文章を読んで文章の内容を理解することができる。

・一般的な話題に関する読み物を読んで、話の流れや表現意図を理解することができる。

<u>聞く</u>

・日常的な場面に加えて幅広い場面で、自然に近いスピードの、まとまりのある会話やニュースを聞いて、話の流れや内容、登場人物の関係を理解したり、要旨を把握したりすることができる。

▶ N2 読解の構成

大問		ねらい
10	内容理解（短文）	生活・仕事などいろいろな話題も含め、説明文や指示文など200字程度のテキストを読んで、内容が理解できるかを問う
11	内容理解（中文）	比較的平易な内容の評論、解説、エッセイなど500字程度のテキストを読んで、因果関係や理由、概要や筆者の考え方などが理解できるかを問う
12	統合理解	比較的平易な内容の複数のテキスト（合計600字程度）を読み比べて、比較・統合しながら理解できるかを問う
13	主張理解（長文）	論理展開が比較的明快な評論など、900字程度のテキストを読んで、全体として伝えようとしている主張や意見がつかめるかを問う
14	情報検索	広告、パンフレット、情報誌、ビジネス文書などの情報素材（700字程度）の中から必要な情報を探し出すことができるかを問う

第**1**回

正答数

21問

解答時間のめやす

65

分

解答・解説 ──→ 別冊 3 ページ

問題 1 次の（1）から（5）の文章を読んで、後の問いに対する答えとして最もよい
ものを、1・2・3・4から一つ選びなさい。

（1）

　必然と偶然は、まるで正反対のような感じですが、実はとても近い考え方ではないか
と思います。

　なぜなら、両方とも物事が起きてから、どうしてそうなったかの理由をあとづけする
ものだからです。その結果、自分にはどうしようもなかったのだ、という答えを導き出
そうとします。

　人は何をするにも説明を求めてしまいがちです。それは、人が本能だけでは生きられ
なくなったからでしょう。

　脳の進化によって、人類は高度な生物になったと考えられていますが、僕はその意見
には疑問を抱いています。

　生きるというのは、生物として当たり前のことなのに、いろいろな理由が必要なのは、
進化というより、退化ではないでしょうか。

（東田直樹『跳びはねる思考』角川文庫による）

1 この文章で筆者の言いたいことは何か。

1　人間は脳が進化し、高度な生物になったと考えられているが、その意見に賛成だ。

2　生物が生きることに理由が要るのは脳が退化しているからだ。

3　必然なのか偶然なのか、自分なりの考えを持つ必要がある。

4　人が何かをするのに説明を求めがちなのは、生物として当然のことである。

（2）

　本は「人」と同じです。

　僕にとって読書は、著者との対話であり、基本的にはいつも真剣勝負だと思っています。

　人に会うときと同じで、こちらが真剣勝負を挑まなければ、相手からは何も返ってきません。だから僕は、「これから、ホメロスと対話するぞ」「これから、アリストテレスに勝負を挑むぞ」という覚悟を持って、本を開いています。

　本を人に置き換えて考えると、わかりやすい。普段、みなさんは、人の話をどのように聞いていますか？　上司や取引先の話を寝そべって聞く人はいません。気持ちを引き締めて、集中して聞くはずです。

　人に会って話を聞くときは、じっくりと相手の話に耳を傾けなければなりません。本を読むときも、僕は基本的にはまったく同じだと考えています。

（出口治明『本の「使い方」１万冊を血肉にした方法』KADOKAWA による）

2　筆者は読書について、どのように考えているか。

　1　読書とは、何もできなくなるぐらいその本の世界に入り込むことだ。

　2　寝そべって読書するのは著者に失礼だ。

　3　読書とは誠実な態度で本と向き合い、著者と対話することだ。

　4　緊張感を持って読書をしなければ、何も得られない。

(3)

　みんなで一緒に楽しもう、という方向性は、この頃では少しだけ古くなったように感じられる。貧しい時代には、個人が好きなことをするだけの余力が社会になかったので、なるべく歩調を合わせ、効率良く「楽しさ」を作る必要があった。だから、協調性を重視し、大勢で楽しむ傾向が、僕が子供の頃には今よりも顕著だったように思う。技術が進歩し、豊かな現代においては、楽しさはより個人的なものになっている。大勢で一緒に観なければならなかった映画は、今では個人の部屋で鑑賞できる。修学旅行でしか行けなかったところへ、今では個人で週末に行けるだろう。

（森博嗣『自分探しと楽しさについて』集英社新書による）

（注）効率良く：むだなく

3　今と昔を比べて、楽しむことはどう変化したか。

　　1　社会に余裕がなくなって楽しくなくなった。

　　2　効率良く楽しさを作るようになった。

　　3　みんなで楽しもうとするようになった。

　　4　楽しさが個人的なものになった。

(4)

　最近の若者が人との濃密なコミュニケーションが取れないということはよく耳にしますし、京大の学生を見ていてもそう感じることがあります。

　また、自分の意見は口にできても、対話ができない学生もいます。今の学生たちは自分の意見は割合口にするのです。でも、相手の意見が聞けない。「私はその意見には賛成できません！」と言ったまま、ピシャリと自分の殻に閉じこもってしまうことも少なくありません。相手の立場に立って物事を考えることができないようなのです。だから、すぐに気持ちの袋小路に入ってしまいます。どうにも対話が不得手なようです。

（山極壽一『京大式　おもろい勉強法』朝日新書による）

（注1）自分の殻に閉じこもる：誰とも会って話したりしようとしない
（注2）袋小路に入る：事物をそれ以上先へ進められなくなる

4　最近の若者について、筆者が述べているものはどれか。

　1　相手の意見に耳を貸さず、自分の意見のみを主張する。

　2　自分の意見がないため、相手と対話ができない。

　3　相手の意見を聞いても、賛成か反対かの反応をしない。

　4　相手が自分の意見を言い終わる前に口をはさむ。

(5)

以下は、ある会社の人事担当者が書いたメールである。

大阪支社　神田様

お疲れさまです。本社人事部の宮川です。
メールを拝見しました。先月のプレゼンテーションの報告書につきまして、
提出が遅れており申し訳ありません。
ご連絡が遅れてしまいましたが、この件に関しては、
すでに大阪支社人事部の林部長に報告・相談し、
15日まで待っていただけることになっております。
お手数ですが、林部長にご確認くださいますか。

以上とりいそぎ、お返事申し上げます。

東京本社　人事部
宮川信子

---

5 このメールで最も伝えたいことは何か

1 報告書提出について送られてきたメールの内容について了解したということ

2 報告書提出の遅れで迷惑をかけて申し訳ないということ

3 報告書提出の遅れは人事部部長に了解をもらっていること

4 報告書提出の日について人事部部長に確認をとりたいということ

問題2 次の（1）から（3）の文章を読んで、後の問いに対する答えとして最もよい
ものを、1・2・3・4から一つ選びなさい。

（1）

　仕事ができるようになりはじめると、次々に仕事を頼まれるようになります。すると
高い志を持った人ほど、頼まれた仕事を断らずに引き受け、自分でこなそうとするもの
です。

　しかし、自分のキャパシティを超えて多くの仕事を請けてしまうと、仕事の質が落ち
るのみならず、期限に間に合わなくなり周りの足を引っ張ったり、やり直しになること
で、結果的に自分の時間も相手の時間もムダにしてしまうことがあるものです。

　特に他人の時間をムダにするのは、大きなルール違反です。

　ちなみにこれはキャリアを重ねる過程で、<u>誰もが通る道</u>のひとつですが、実はこれが、
　　　　　　　　　　　　　　　　　　　　　①
「優秀な若手」がつぶれていく典型的なパターンであったりもします。

　まじめなあまり「自分ならできるはず」「やらなければならない」と自分で自分を追
い込み、あせりもともない悪循環を引き起こす。そして限界を超え、精神的、肉体的に
折れてしまう……。この状況は絶対避けなければなりません。

　他人に迷惑がかかっていることに気づいたら、至急、<u>タスクの仕分け</u>をしてください。
　　　　　　　　　　　　　　　　　　　　　　　　　　　　②
自分の「本分」、つまりあなたがやるべき仕事やプロジェクトを、冷静に取捨選択する
のです（例えば「○○勉強会」のための資料作りはあなたの本分でしょうか）。

　自分の限界を超えていると思ったら、本分以外の仕事は引き受けるべきではありませ
ん。まずは時間内で本分をまっとうし、それでも余裕があるときだけ他の仕事を受けて
ください。そうでない場合は勇気を持って断ることです。

（河野英太郎『99％の人がしていないたった1％の仕事のコツ』ディスカヴァー・トゥエンティワンによる）

6　①誰もが通る道とはどのようなことか。

　1　能力以上の仕事を引き受け、時間をムダにしてしまうこと

　2　働き始めの頃は、仕事の質が低くなってしまうこと

　3　心身ともに疲れてしまい、元気じゃなくなること

　4　できることより多めの仕事を頼まれてしまうこと

7 ここでいう②タスクの仕分けとはどんなことか。

1 他人に迷惑をかけてしまう仕事をしない。

2 資料作りのような簡単な仕事からする。

3 自分のやるべき仕事が何かを判断する。

4 就業時間内に終わらない仕事をしない。

8 筆者の考えに合うものはどれか。

1 やる気がある人のほうが、できない仕事を断ることができる。

2 余裕がないときは、自分がやるべき仕事以外は断ったほうがいい。

3 キャリアを重ねると、みんな精神的に追い込まれるが、しかたがない。

4 自分の仕事だけでなく、忙しい人を積極的に手伝うとよい。

(2)

　会社をやめて物書きの仕事だけをするようになって約二年。今のところどうにかなっている。原稿で食えるようになったから勤めをやめたのではなく、会社の仕事と原稿仕事が忙しくなって、本を読む時間がとれなくなったので退職を決めた。仕事は書くことだが、読まないと書けない。会社をやめて、原稿を書く時間は前とたいして変わらないが、本を読む時間はわりと増えた。よかった。

　小説を、ゆっくり時間をかけて読む、ということを心がけている。実際なかなかそうもいかないのだが、ふだんあまり小説を読まないという人や、何を読めばいいかわからないという人には、その読み方を勧める。ともかく過剰なくらい時間をかけて読む。スローモーションの映像を見ると結構いろんな発見があるように、小説もゆっくり読むことで新たな発見がある。

　小説のおもしろさとは何か。

　何か、という問いがまずなかなか罪深く、これです、と指し示したり、○○である、と簡単に言い表せるようなものではないところに小説のおもしろさがあるのであって、今まさに私が書いているように、「何か」という問いに素直に応えず、あれやこれやと理屈をこねて抵抗することが大切だ。こうやって話をややこしくすればするほど、小説、とくに純文学の不人気が加速し、私の本も売れにくくなるのかもしれないけれど、それは大した問題ではない。そこでわかりやすさの方について、小説のおもしろさを減じてしまうことの方がよっぽど問題だ。

（滝口悠生「小説のおもしろさ」東京新聞 2018 年 9 月 29 日夕刊による）

9 筆者が会社をやめたのはどうしてか。

1 書く仕事で生活ができるようになったから
2 書く仕事で食費が稼げるようになったから
3 原稿を書く時間を作りたいから
4 原稿を書くために読む時間がほしいから

10 筆者は小説のおもしろさは何だと言っているか。

    1 ゆっくり読むと内容が深くわかること

    2 はっきりとおもしろさがわかること

    3 簡単におもしろさを説明できないこと

    4 話がわかりにくいほど人気が出ること

11 この文章の内容と合っているものはどれか。

    1 会社をやめて本を読む時間が増えたら、書く時間が増えた。

    2 いろんな発見があるので、数多くの小説を読むことを勧める。

    3 わかりにくい文章も抵抗せずに読むと、いずれわかるようになる。

    4 小説をわかりやすくしてしまって、おもしろさが減るのは問題だ。

(3)

　社長とご飯を食べた。

　東京の都心の一等地に自社ビルを持つ、大会社の社長である。ある仕事を引き受けたのだが、仕事の前に一度ぜひ社長と会食をしてほしい、ということだった。ああ、はい。僕は承諾した。

　迎えにきたハイヤーに乗り、指示された、自社ビルのすぐ近くの料亭で降り、座敷に通されると、おじさんが三人いた。一人は仕事の依頼をしてきた常務（みたいな肩書きの一人）。もう一人は初対面で、僕に名刺を差し出した。
　　　　　①

　「ああ、どうも」受け取った名刺には、専務（みたいな役職名）が記されている。残りの人も初対面で、品のいい落ち着いた声音で「今日はようこそお越しくださいました」とだけ。

　「いや、どうも」と僕はかしこまり、四人で着席した。おしぼりを使いながら、名刺を出さなかった右隣の男が「社長」ってことでいいんだよな、と思った。

　「社長が会いたいから」と設けられた席で、社長ですと名乗る人がいなかった場合、社長以外の役職を名乗った人を省いた残りが社長。そう解するのが道理だろう。
　　　　　　　　　　　　　　　　　　　　　　　　　②

　「いやはや、コロナウイルスで大変ですね」「まったくですね」世事について会話する。料理が運ばれてくるとだんだん座が和み、冗談口も増え、男四人で笑い合うようになった。

　「あれが映画化したときなんかは」「あれはまあ、大変で」「いやはやハッハ」ねえ、社長なんかもそうじゃないですか？　笑いついでに右隣の人に話を向けようとして、立ち止まる（気持ちが）。

　本当に社長だろうか、と。

（長嶋有「社長ですか？」『暮しの手帖』第 5 世紀 6 号による）

12　①おじさんが三人いたとあるが、この中で筆者と初対面なのは何人か。

　1　一人

　2　二人

　3　全員が初対面

　4　全員が初対面ではない。

13 ②そう解するとは、どういう意味か。

1　社長と名乗った人が社長である。

2　社長と名乗らなかったら、社長ではない。

3　社長と名乗る人がいないとき、他の役職を名乗った人が社長である。

4　社長と名乗る人がいないとき、他の役職を名乗った人以外が社長である。

14 この文章の内容と合っているものはどれか。

1　初対面の人と会い名刺交換の後で食事をしたが、つまらなかった。

2　社長がいると知っていたが、その人が社長かどうか最後までわからなかった。

3　役職関係なく食事をするのは楽しいが、初対面の人だったので緊張した。

4　初対面の人に役職を聞くつもりだったが、機会がなく聞けなかった。

問題3 次のAとBの文章を読んで、後の問いに対する答えとして最もよいものを、1・2・3・4から一つ選びなさい。

A

　我々は普段から新聞や雑誌、ネットなどの記事など多くの情報を目にしています。すべての情報が正しければよいのですが、雑誌やネットの記事を読んでいると、中には判断に迷うものや本当かな？　と疑ってしまいたくなるようなものがあります。多くの情報からできるだけ正しいものを得るための読み方を身につけておくことが、これからは求められるでしょう。大切なのは「疑問に思う」ということです。新聞やマスコミなどによる情報は無意識のうちに「正しい」と思い込んでしまっていることが多いのではありませんか。その情報を「本当だろうか？」という視点で見つめることによって、新たな側面を見つけられるようになるのです。

B

　パソコンやスマホを使い、インターネットから情報を入手することが当たり前になった。しかし、インターネット上の情報は本当に正しいのだろうか。新聞などのマスメディアの記事は、複数の人によって検証され、信頼性の高い内容にしてから発信されているが、インターネット上では誰でも自由に発信できることもあり、信頼性の低い情報も多い。また、速報性を重視するあまり、検証が十分でない情報も掲載される。速報だけで結論を下さず、時間をおいて継続的に得た情報から判断することが重要だ。また、一つの情報源だけで判断せず、複数の情報源から情報を入手し、総合的に判断するように心がけたい。

15 AとBで共通して述べられていることは何か。

1 インターネット上の情報は信頼性が低いものがある。

2 インターネットは新聞や雑誌より情報量が多い。

3 マスコミは正確さよりも速さを重視している。

4 マスコミから発信される情報がすべて正しいわけではない。

16 AとBで、正しい情報を得るために大切なことは何だと述べているか。

1 Aは信頼性の低い速報は避けるべきだと述べ、Bは速報だけでなく、継続的に情報を入手すべきだと述べている。

2 Aは一つの情報をいろいろな角度から検証すべきだと述べ、Bは入手した情報が正しいかどうか疑問の目で見るべきだと述べている。

3 Aはその情報が本当かどうか常に疑うべきだと述べ、Bは複数の情報源から情報を得、判断すべきだと述べている。

4 Aはできるだけ多くの情報を集めるべきだと述べ、Bは新聞など、より信頼性のあるメディアの情報を選ぶべきだと述べている。

第1回　第2回　第3回　第4回　第5回

問題4 次の文章を読んで、後の問いに対する答えとして最もよいものを、1・2・3・4から一つ選びなさい。

　常識的に考えると、俳句は日本人にとっても分かりにくいものである。分かりやすい俳句もあるが、そういう句は余り高く評価されていない。「余情の文学」と言われている俳句に何か言葉で言い尽くせない意味が込められていなければ、17字で伝えられることはひどく限られてくるだろう。芭蕉の名句にさまざまな解釈のあることは、俳句のあいまいさ、分かりにくさを証明する。

　「外人は俳句を理解できますか」と聞くような日本人は、自分は外国文学をよく理解しているが、外人は日本文学の粋を理解できないと信じているようである。人を見ることができても、自分は見られないというような隠れ蓑は便利なものであろうが、こちら側としては見えない人との付き合いは厄介だ。

　研究室の訪問客にもう一つの種類がいる。本棚に並んでいる数々の俳句関係の本を見て「恥ずかしい」と言う日本人が珍しくないのだ。言うまでもなく、「恥ずかしい」という発言は、外国の大学の研究室にみっともない日本語の本が置かれていることを恥ずかしいと思っているからではなく、自分が読んだこともない、または読みたくないような日本文学の本が外人に読まれているという意味からである。日本の文化は「恥の文化」とも言われてきたが、日本文学を30数年前から勉強してきた私が、日本人の地質学者や電気工学者よりも日本文学をよく知っていることが、果たして日本人の恥になるだろうか。本当にそんなことを恥ずかしく思う地質学者がいるとしたら、彼は地質学を全然知らない私に対して、逆に威張ってもよいはずだ。

　明治以前から日本人は西洋のすべてを吸収することに営々と努力してきたが、西洋に対して日本文化の理解を広める努力を惜しんだようである。日本人はフジヤマ、ゲイシャ・ガールしか知らない外人をばかにするが、外人向けの日本案内書を作る時、とかく富士山をバックにした芸者の写真で表紙を飾りたがる。また、「横浜」を正しく発音できる外人にも、ヨコハーマという発音を教えたりする。これでは日本人は俳句はおろか、どんな日本文化も理解されたくないのではないか──と外人が思っても仕方がないのではないか。

（ドナルド・キーン『日本人の質問』朝日文庫による）

(注1) 芭蕉：江戸時代前期の有名な俳句の作者

(注2) 隠れ蓑：それを着れば姿が見えなくなるという昔の上着

17 筆者によると、さまざまな解釈のある俳句が存在するのはなぜか。

1　17字の中に、言葉で言い尽くせない意味が込められているから

2　分かりやすい俳句は評価が低いため、わざと分かりにくく作られる俳句が多い
から

3　外人は日本文学の粋が分からず、俳句も理解できないから

4　わずか17字では、言いたいことをうまく表現することは不可能だから

18 筆者は、外国人である自分が日本人よりも日本文学をよく知っていることについて
どうだと言っているか。

1　自分の国の文学を勉強しないことは恥ずかしいことだ。

2　自分は長年それを専門に勉強しているのだから、当たり前のことだ。

3　日本人は、外国人に日本文化を理解されたくないと考えているはずだ。

4　日本人は、日本文学がよく知られていることを威張っていい。

19 筆者の考えにあてはまるものはどれか。

1　「横浜」を正しく発音できる外国人がいないことからも、外国人は日本文化の粋
を理解することはできないと言える。

2　日本人は、自国の文化を何とかして理解してもらおうと努力しているが、今でも日本文化をよく知らない外国人が多い。

3　日本人は、昔から西洋の文化をよく知ろうと一生懸命にがんばってきたが、まだまだそれを本当に理解してはいないと言わざるを得ない。

4　日本人の作る日本のガイドブックなどを見ると、日本人には日本文化を正しく
伝えようという考えがないのではないかと思えてしまう。

問題5 右のページは、ある団体のホームページに載っている清掃活動の参加者募集の案内である。下の問いに対する答えとして最もよいものを、1・2・3・4から一つ選びなさい。

20 メアリーさんと山田さんの2人は、ボランティアスタッフになってウォーキング大会に参加したいと思っている。2人の申込みの方法として、正しいものはどれか。

1 5月31日までにメールで申し込む。

2 5月31日の17:00までに電話で申し込む。

3 6月10日までにメールで申し込む。

4 6月17日の7:00までに直接会場に行って申し込む。

21 ウォーキング大会の参加者が当日必ずするように言われていることは何か。

1 飲み物を持って行く。

2 健康保険証のコピーを持参する。

3 会場に来るときは、公共交通機関を使う。

4 腕時計をしていく。

比良湖の会

比良湖一周ウォーキングのお誘い！

今年も、比良湖一周ウォーキング大会を実施します。皆さまのご参加をお待ちしています。

〜参加者募集〜

＊日時：6月17日（日）8:00 〜 11:00

　※雨天中止。中止の場合、HPにて当日6時までにお知らせします。

＊集合場所：比良湖公園内レストハウス比良

＊参加資格：原則、中学生以上

＊参加方法：

　A．団体（20名以上）で参加する場合

　　　代表者氏名および連絡先、参加人数を明記の上、メールで6月10日までに、事務局までお申し込みください。

　B．個人で参加する場合

　　　事前申込みは不要です。直接会場にお越しください。

＊注意事項：

・けがや急病に備え、健康保険証のコピーを忘れずにお持ちください。また、公園内には自動販売機はございますが、各自飲み物を持って来られることをおすすめします。

・駐車スペースには限りがありますので、できる限り公共交通機関をお使いください。

＊ボランティアスタッフも募集しています

　前日と当日の準備、片づけ等のお手伝いをしていただくボランティアスタッフも募集中です。

　6月16日15：00 〜 17：00、および17日7：00 〜 14：00の両日参加できる方に限ります。

　ご協力くださる方は5月31日17：00までに事務局にお電話でお申し込みください。

　なお、当日は腕時計のご用意をお願いします。

「比良湖の会」事務局

電話：0775-333-22XX

メール：hirako@sega.go.jp

第**2**回

正答数

/ 21問

解答時間のめやす

65 分

解答・解説 ──→ 別冊 4 ページ

問題1 次の（1）から（5）の文章を読んで、後の問いに対する答えとして最もよい
　　　　ものを、1・2・3・4から一つ選びなさい。

（1）

　オノマトペを使うことで、妙に場がなごんでしまう、という経験は、だれでも持って
いるのではないかと思う。

　たとえば、食事に招いた相手に、「もう少し召し上がりませんか」と勧めたとき、

　「いえ、すでに満腹の状態になりましたから、もう結構です」

　などと四角四面に言われたら、苦笑しつつも、次はちょっと呼ぶのやめようかな、
（注）
などと思いたくなりそうだ。

　　（中略）

　そんなとき、

　「いや、もう、おなか、ぱんぱんなんですよぉ」

　と、しぐさ交じりに返されたら、ああ、そこまで満足してくれたか、と、こちらも満
足する。

　　　　　　　　　（小野正弘『オノマトペがあるから日本語は楽しい』平凡社新書による）

（注）四角四面：非常にまじめなこと

1 筆者によると、オノマトペとはどのようなものか。

　　1　心を的確に伝えるもの

　　2　人に何かをうまく勧めるもの

　　3　場をなごませるもの

　　4　しぐさと一緒に使うもの

(2)

　自然に出れば、その多様性がよくわかります。言葉では「同じ」とされている虫もみんな違います。花でも木でもみんな違いがあります。いわば「何でもありの世界」なのです。

　近頃は「何でもあり」という言葉は悪口のように使われます。「それじゃ何でもありじゃないですか」というのは何か非常に筋（すじ）の通らないことをしている人に対して発せられます。

　でも、私はそういう物言いを聞くと「どうして何でもありじゃ、いけねぇんだよ」と思ってしまうのです。自然にはこちらの想像をはるかに超えた多様性があります。「何でもあり」です。そしてその多様性を感覚的に捉（とら）えられることこそが、頭を柔らかくする秘訣（ひけつ）なのです。

（養老孟司『養老訓』新潮文庫による）

2　筆者の考えに合うものはどれか。

　1　自然界も「何でもあり」なのだから、人も「何でもあり」でいい。

　2　「何でもあり」という言葉は便利で使いやすい。

　3　「何でもあり」という言葉を頻繁に使うと、考え方が柔軟（じゅうなん）になる。

　4　自然界の多様性は「何でもあり」とまでは言えない。

(3)

　例えば、メールの文章も、もしそれが重要なメールであれば、書いてからすぐには送らないほうがいいと思います。ちょっとだけ間を置いて読み直す。ビジネスのためのメールで、たとえ、急がなければいけない場合でも、書き終わったところで、一度トイレに行くとか、コーヒーを飲むとか、一服するとか、一拍置く。そしてもう一度読み直してみる。それだけでも、ずいぶんと表現が洗練されるはずです。
^(注)

（池上彰・竹内政明『書く力』朝日新書による）

（注）洗練する：よりよいものにする

[3] 筆者の考えに合うものはどれか。

　1　文章は、書いた後でしばらくしてからもう一度読んだほうがいい。

　2　文章を書いたら、何度も読み返してみたほうがいい。

　3　文章を書く前に、コーヒーを飲んだりして落ち着いたほうがいい。

　4　ビジネスのメールなら、できるだけ早く書いて送ったほうがいい。

(4)

　現代人は自分の体面を保つために、周囲の見知らぬ他者の能力や実力を、いとも簡単
に否定する。世間の連中はつまらない奴らだ、とるに足らぬ奴らだという感覚をいつの
まにか自分の身に染み込ませているように思われる。そのような他者軽視をすることで、
彼らは自分への肯定感を獲得することが可能になる。一時的にせよ、自分に対する誇り
を味わうことができる。

（速水敏彦『他人を見下す若者たち』講談社現代新書による）

4　現代人について筆者の考えに合うものはどれか。

　1　自分の体面を保つことばかりに気を取られている。

　2　自分より優れた人間は自分の周りから排除したいと考えている。

　3　他人を見下さないと、自分を肯定することができない。

　4　周囲の人間は自分より優れた人間ばかりだと常に不安に思っている。

(5)

以下は、ある社員が出したメールの内容である。

営業3課
山下課長

本日、札幌支社事業開発部にて業務を開始いたしました。

札幌支社は大通公園に面し、テレビ塔がよく見える素晴らしい環境にあります。

オフィスも新しく、気持ちよく働けそうな環境です。

在任中は公私ともに大変お世話になりました。これからは、斉藤支社長の下、

支社のために全力を尽くして頑張りたいと思います。

今後とも、変わらぬご指導ご鞭撻のほど、よろしくお願いいたします。

大石　真

---

5 メールの要件は何か。

1　今の上司への出張完了の報告。

2　今の上司への応援の依頼。

3　元の上司への異動後の挨拶。

4　元の上司への転職の相談。

問題 2 次の（1）から（3）の文章を読んで、後の問いに対する答えとして最もよい
ものを、1・2・3・4から一つ選びなさい。

（1）

　じつは、わたしも、電車や喫茶店で、「わからないけど」という文句が、しきりに使
われているのを耳にしていました。そして、これはなんだろうと考えてもいたので、こ
れから、わたしの意見を書いてみましょう。

　ちょっと聞くと、この「わからないけど」は、冷たくて、投げやりで、無責任で、そ
の上、なんだか突き放されたようで、たしかに嫌な言葉です。しかし、それを使うとき
の動機を考えてみると、どうも、新種の敬語の一種なのでないか。もっと正確に言うと、
①
うんと敬意の度合いが低いけれど、これは半敬語法というやつですね。

　相手に自分の意見を言う。そのとき、相手の意見は自分とは違うかもしれない。その
場合をあらかじめ考えの中に入れて、「よくわからないけれど、わたしはそう思うので
すよ」と緩衝材を入れる。つまり、これは言葉のクッションなのではないでしょうか。

　対立した意見を口にして、自分と相手との関係をこわしてはいけない。2人の関係を
中和して、感情的に係わり合う危険を避けるために、「わからないけど」というクッシ
ョンを挟む。

　そう言えば、半疑問形も大いに流行しています。話の途中で、とくに固有名詞を高め
に発音して、相手になにか訊くように言う。あれもまた半敬語法の一つではないか。

　相手を置き去りにして話を進めて行ったのでは、たがいの関係をこわしかねない。そ
こで、話の前後関係を考えながら、鍵となる語を相手に投げかけて、いちいち了解を取
②
っているのでしょう。

（井上ひさし『にほん語観察ノート』中公文庫による）

6 ①動機とあるが、何の動機か。

　1　相手に対して、嫌な言葉にも思える「わからないけど」ということばを使うこと

　2　相手に対して、冷たく投げやりで無責任な気持ちを表現すること

　3　相手に対して、半敬語法という新しい文法を用いること

　4　相手に対して、あまり高くない敬意を表すこと

7 ②<ruby>鍵<rt>かぎ</rt></ruby>となる語は何か。

1 意見が異なる2人の関係を中和するような言葉

2 たがいの関係をこわしかねない危険な言葉

3 それがわからないと、話がわからなくなってしまうような重要な言葉

4 「わからないけど」というクッションの言葉

8 筆者によると、半疑問形はどういう場合に使われると考えられるか。

1 話の途中で、相手になにか<ruby>訊<rt>き</rt></ruby>きたいことがある場合

2 意見の異なる相手と感情的に係わり合いたい場合

3 相手が自分と対立した意見を持っているときに、2人の関係を中和したい場合

4 話を進める際に、相手を置き去りにしてたがいの関係をこわしたくない場合

(2)

　私たちがいま直面しているのは①「生きる意味の不況」である。

　一部屋に１台テレビがあるような暮らし。一家に１台も２台も車があるような暮らし。それはこの地球上で一握りの人たちのみに許された豊かさである。しかしその中で私たちは生きることの空しさを感じている。自分がいまここに生きている意味が分からない。自分など別にいなくてもいいのではないか。自分が自分でなくてもいいのではないか。

　そんな社会は決定的におかしいと私は思う。紙も鉛筆もコンピュータもある。しかし道具はふんだんにあっても、それを使って夢を描くことができない社会。一生懸命働き、社会に貢献してきた人たちが、自分たちにもはや価値はないと思わされ、老後の不安に駆られるような社会。②どう考えてもおかしくはないか。

　経済的不況が危機の原因だと言う人は多い。しかし、私たちの多くは既に気づいている。景気が回復すればすべてが解決するのだろうか。問題の本質はもっと深いところにあるのではないか。私たちをこれまで支えてきた確かなものがいまや崩壊しつつあるのではないか。

　私たちの「生きる意味」の豊かさを取り戻すこと。そのためにこの本は書かれている。何が私たちから「生きる意味」を奪っているのか。その原因を探り出し、そこを突破して、いかに自分自身の人生を創造的に歩むことができるかを考えたい。そしてひとりひとりの生きる意味に支えられた、真に豊かな社会の未来図を描き出したい。

（上田紀行『生きる意味』岩波新書による）

（注）不安に駆られる：不安になる

9　①「生きる意味の不況」とはどういうことか。

　1　景気が悪いため、自分の理想どおりの生活ができないこと

　2　自分がなぜ生きているのかわからない人が増えること

　3　世界には貧しい人がいる一方で、自分は豊かな暮らしをしていること

　4　老後の不安を常に抱えていること

10 ②どう考えてもおかしくはないかとあるが、筆者は何がおかしいと考えているのか。

　1　一生懸命働いても経済的には苦しい社会

　2　価値のない人が老後を不安に思う社会

　3　紙も鉛筆もコンピュータもあるのに、夢を描く道具がない社会

　4　自分に価値を見出せない社会

11 筆者がこのあとこの本で書きたいことは何か。

　1　本当に豊かな社会とはどんなものか。

　2　なぜこんなにも長い間不況が続いているのか。

　3　自分が自分でなくなるとはどういうことなのか。

　4　私たちは生きる意味があるのか。

(3)

　知識が思考の邪魔をするため、誰にとっても、自分が詳しい分野において斬新なアイデアを受け入れることは、よく知らない分野においてそうするよりはるかに<u>むずかしいこと</u>です。
　①

　よく知らない分野であれば、革新的なアイデアを寛容に受け入れる人も、自分の専門分野については驚くほど保守的であったりします。保有する知識が多すぎて、どんなに斬新なアイデアを聞いても頭の中からひっぱり出してきた知識によって「そんなことは不可能だ。できるわけがない」と否定してしまうからです。

　「詳しくなればなるほど、その分野での新しいアイデアに否定的になる」傾向が見られたら、「知識が思考を邪魔している」ことを疑ってみた方がよいでしょう。

　反対に思考力のある人は、自分の専門分野においてさえ革新的で柔軟です。それは彼らが常にゼロから考えているからです。時代が変わり、世の中が変わり、新しい現象が出てきて新しい情報に触れたとき、過去の知識ではなく、目の前の情報から考えることができるかどうか。<u>それ</u>が「考えることができる人」とできない人の分岐点です。
　　　　　　　　　　　　　　　②　　　　　　　　　　　　　　　　　　　　　（注1）
もしくは、「時代の変化に気がつく人」と気がつかない人の違いともいえます。

　また、知識の中で特に影響力が大きいのは、成功体験と結びついた知識です。過去に大成功したという記憶（それ自体がひと固まりの知識です）が、新しい情報に触れたときにシャシャリ出てきてゼロから考えることを妨げます。そうなると、せっかく時代の変革期に新しい情報に触れているのに、過去の知識に囚われてしまい、先入観をもた
　　　　　　　　　　　　　　　　　　　　　　　　　（注2）
ずに考えることができなくなります。

（ちきりん『自分のアタマで考えよう―「知識」にだまされない「思考」の技術』ダイヤモンド社による）

（注1）分岐点：道路やものごとが分かれるところ
（注2）過去の情報に囚われる：過去の情報が気になりすぎる

12 ①むずかしいこととあるが何が難しいのか。

1　自分が詳しい分野でさらに詳しい知識を得ること

2　自分が詳しくない分野で、新しい知識を得ること

3　自分が詳しい分野で新しい考えを受け入れること

4　自分が詳しくない分野で新しい考えを思いつくこと

13 ②それとは何か。

1　過去の知識を成功体験と結びつけられるかどうか。

2　過去の知識によって斬新_{ざんしん}なアイデアを不可能だと否定できるかどうか。

3　新しい現象が出てきたときに新しい情報に触れられるかどうか。

4　新しい情報に出会ったとき先入観を持たずに判断できるかどうか。

14 筆者が言いたいことはどれか。

1　時代が変わり新しい情報に触れることはいいことだ。

2　過去の経験による知識があると、考えなくていいので楽だ。

3　いつもゼロから考えられる人が思考力のある人だ。

4　知識がない人は、先入観なく新しいものを見られるので思考力がある。

第1回　第2回　第3回　第4回　第5回

問題3 次のＡとＢの文章を読んで、後の問いに対する答えとして最もよいものを、1・2・3・4から一つ選びなさい。

A

　　ランニング入門者が挫折してしまう原因では、「思わぬケガをしてしまった」というのもあります。長い距離を走れるような体に変えていくには時間がかかります。しかし、毎回の練習でスピードを上げて走り切ろうとするとケガにつながりかねません。（中略）

　　ペースは抑え気味で60分くらいを目安に走り続け、歩幅（ストライド）は狭めに取るようにします。大きな歯車を力任せに回すのではなく、中くらいのギアを適度なリズムでくるくる回すようなイメージでジョギングを続けるといいでしょう。

（齊藤太郎「ランニング入門者、失敗に学ぶ長続きの秘訣」日本経済新聞　電子版による
https://www.nikkei.com/article/DGXZZO69848330U4A410C1000000/）

B

　　お気に入りのシューズやウエアを購入すると、早速「走りたい！」という衝動にかられます。でも、そこでぐっと我慢していただきたいのです。いきなり走り始めるのは、ケガに結びつくリスクが高いからです。（中略）

　　ランニング初心者の方に何時間も歩いてくださいとは言いません。でも、プロのランナーでさえも重視している「ウォーキング」ですから、これから走り始める市民ランナーの方こそ、長くランニングを楽しむために"走るための順番"を軽視せず、まずは、"歩くことを習慣化する"ことから始めてほしいのです。

（有森裕子「有森裕子の『Cool ランニング』」日経グッデイによる
https://gooday.nikkei.co.jp/atcl/column/14/091100001/032400009/
2015 年 4 月 1 日「マラソンメダリストが重視する「ウォーキングで脚づくり」」）

[15] ＡとＢの意見が一致しているのはどれか。

1 ランニングを始めたばかりの人は、走るスピードに気をつけてほしい。

2 ランニングを始めたばかりの人は、走ることを意識しながら歩いてほしい。

3 急に走ろうとすると、けがをしてしまう可能性があるので気をつけてほしい。

4 急に走ろうとはせずに、ゆっくり走るくらいのスピードを意識しながら歩いて
ほしい。

[16] ＡとＢは、ランニングを続けていくには、どのようなことが大切だと述べているか。

1 Ａは走る速度、Ｂは走るための準備としてまずは歩くことが大切だと述べてい
る。

2 Ａは長い距離を走ることを、Ｂは長い距離を歩くことが大切だと述べている。

3 ＡもＢも、まずはけがをしないように長い距離に慣れることが大切だと述べて
いる。

4 ＡもＢも、けがをしないよう無理をせずに走ることが大切だと述べている。

第1回

第2回

第3回

第4回

第5回

問題4 次の文章を読んで、後の問いに対する答えとして最もよいものを、1・2・3・4から一つ選びなさい。

「人に心はなく、人は互いに心を持っていると信じているだけである」

多少極端(注1)な言い方ではあるが、それほど的を外しているとは思わない。実際に自分にいくら問いかけても、自分の心とは何かはなかなか理解できるものではない。一方で他人を見ていて、その人の心の方が自分の心よりも理解できると思うこともある。
①

たとえば、それは、こういうことだ。

私は、自分に不愉快なことがあっても、そのことに本当に腹を立てた方がいいのかどうか悩むことがよくある。後々考えて、改めて腹が立ってくることもあるのだけれど、考え方次第で、自分の感情をかなりコントロールすることができる。そんなとき、本当に自分はどんな心を持っているのだろうと悩んでしまう。

しかし、他人が激昂(注2)する様子を見ていると、怒っているのだなとすぐに分かるし、泣いているのを見れば、悲しいのだと理解できる。そんなとき、自分の心よりも他人の心の方が理解しやすいのではないかと思う。内部から自分を見ているときよりも、外から他人の様子を見ているときの方が、「心の存在」を感じることができるのである。

これと同じことが、私だけではなく他の人にも起こっているのではないか。私が誰かに対して感情を露わ(注3)にしているときに、まわりの人は、私の心を生々しく感じるだろう。

そのようにして互いに心があると信じているのが人間であると思う。ゆえに、「ロボットも心を持つことができる」と私自身は考えている。(中略)
②

2008年には、ロボットによる演劇の制作にも関わった。ロボットと人間の役者がともに舞台で演じるのであるが、その演劇を観たほとんどの人たちが、ロボットに心を感じたと感想を述べた。私自身も、演じているロボットに心を感じた。「ロボットは、人間の心までも映し出す鏡である」と、改めて感じた。(中略)

いま、人間型ロボットを作る技術力を持った我々は、また同じようにロボットを作っている。その理由は、役に立つロボットを作るということよりも、人間を知りたいという、より根源的(注4)な欲求に根ざすものであると思う。

（石黒浩『ロボットとは何か──人の心を映す鏡』講談社現代新書による）

(注1) 極端な：非常にかたよっているさま

(注2) 激昂する：はげしく怒る

(注3) 感情を露わにする：気持ちを出す

(注4) 根源的な欲求に根ざす：もともとそういう気持ちがある

17 ①他人を見ていて、その人の心のほうが自分の心よりも理解できるとはどういうことか。

1 筆者はまわりのことを考えて感情を表せないが、他人はそうでもないということ

2 素直に感情を出す人のほうが、まわりの人のこともよくわかるということ

3 感情の表現が、筆者は上手ではなく他人は上手だということ

4 自分の感情よりも、他人の感情のほうがわかりやすいということ

18 どうして筆者は②「ロボットも心を持つことができる」と考えているか。

1 今後技術が進んで、ロボットにも感情を持たせることができるようになるだろうから

2 感情を露わにすることは誰でも簡単にできることであり、ロボットにも可能であるはずだから

3 たとえロボットでも感情が外から見えれば、人は「心の存在」を感じることができるから

4 ロボットは演劇ができるところまで発達していて、人間の感情を理解できるから

19 筆者の考えに合うものはどれか。

1 ロボットは人間の「心の存在」を感じとることができる。

2 将来、ロボットは感情をもち、演劇もできるようになるはずだ。

3 人間とロボットとは、根源的な差はない。

4 ロボットを作っているのは、人間を知りたいという欲求からなのだ。

問題5 右のページは、バス・路面電車の周遊パスの案内である。下の問いに対する答えとして最もよいものを、1・2・3・4から一つ選びなさい。

20 このパスを手に入れるには、どうしたらいいか。

    1 市内観光案内所で現金で買う。

    2 バスの営業所でクレジットカードで買う。

    3 路面電車の中で現金で買う。

    4 路面電車の駅でクレジットカードで買う。

21 優子さんは月曜日に路面電車の駅で2日パスを買って観光したが、火曜日は都合が悪くなり、パスを使わなかった。優子さんができることはどれか。

    1 次の水曜日にパスを利用する。

    2 次の木曜日に市内観光案内所で500円返金してもらう。

    3 次の金曜日に路面電車の駅で500円返金してもらう。

    4 次の月曜日に市内観光案内所で650円返金してもらう。

市内バス・路面電車 周遊パス

お得に観光しよう！

- ・発売期間　　通年

- ・有効期間　　1日パス…ご利用日の1日

　　　　　　　2日パス…ご利用開始日と次の日の連続2日

- ・販売額　　　1日パス…700円

　　　　　　　2日パス…1,300円

　　　　　　　（どちらも小児は半額）

- ・有効区間　　市内全域（乗り放題）

- ・発売場所　　路面電車の駅・バスの営業所・市内観光案内所

　　　　　　　＊クレジットカードは、市内観光案内所でのみご利用いただけます

- ・特典　　　　ご購入の際に便利なマップを進呈します。

　　　　　　　マップの裏面にある店舗で10％オフの優待がうけられます。

　　　　　　　マップの裏面にある店舗で食事をされると、ドリンクがもらえ

　　　　　　　ます。（アルコール飲料を除く）

　　　　　　　観光地でもさまざまな特典が受けられます。詳しくはマップの

　　　　　　　裏面をご覧ください。

- ・注意事項　　1度でもご使用になったパスは払い戻しができません。ただし、

　　　　　　　2日パスをご購入になり、2日目にご利用がない場合は、500

　　　　　　　円を返金致します。購入日から5日以内に市内観光案内所ま

　　　　　　　でお越しください。

　　　　　　　パスはご降車の際に乗務員の横にあるカードリーダーに入れて

　　　　　　　ください。

　　　　　　　優待を受けられる際は、必ずパスをご提示ください。紛失され

　　　　　　　た場合は、再発行致しません。

第**3**回

正答数

21問

解答時間のめやす

65

分

解答・解説 ──→ 別冊 **5** ページ

問題1　次の（1）から（5）の文章を読んで、後の問いに対する答えとして最もよい
　　　　　ものを、1・2・3・4から一つ選びなさい。

（1）
　欲望が生じる原因は、「今はまだ、手に入っていない」ことに対する苦痛です。この
苦痛を消そうとする力が、さまざまな行動を引き起こします。

　「手に入れたい」と思ったその瞬間にパッと欲しいものが「手に入る」おとぎの国
であれば、さほど問題はないかもしれません。しかしながら現実の世界では、「手に入
れたい」と思い始めてから実際に「手に入る」までのあいだには必ず時間差があります。
そのあいだずっと、「手に入れたい、でもまだ手に入ってない、苦しい」という不快感
が持続します。これが欲望の根源的な問題点です。

　欲望があると元気づけられて楽しい気がするのは、この不快感による刺激を、「ドキ
ドキする→気持ちよい」と錯覚するからにほかなりません。本当は「不快」に感じてい
るのに、心が情報を「快」に書き換えてしまうのです。

（小池龍之介『もう、怒らない』幻冬舎文庫による）

1 欲望の根源的な問題点とは何か。

　1　まだ手に入れたくないのに手に入る苦痛

　2　欲しいと思ったときにすぐ手に入れたいという願望

　3　欲しいのに、まだ手に入っていないという嫌な気持ち

　4　欲しいものが手に入るまでのドキドキする快感

(2)

以下は、ある会社が製品を注文してきた相手に出した文書である。

20XX 年 5 月 25 日

株式会社 京日屋
販売部 井上幸二様

株式会社 洛中フーズ
営業部 山本京子

ご注文の商品発送について

拝啓　初夏の候、貴社ますますご発展のこととお慶び申し上げます。平素は、格別のお引き立てを賜りまして、厚く御礼申し上げます。

　さて、5 月 23 日付でご注文いただいた「100％ハニー・クッキー」の件でございますが、150 箱のうち 100 箱は今週中の発送を予定しております。残り 50 箱につきましては誠に申し訳ございませんが、ライン生産が注文に追い付かず、来月発送になる予定です。ただいまできるだけ早い発送を目指しておりますが、もうしばらくお待ちいただけますでしょうか。

　ご迷惑をおかけすることになり大変申し訳ございませんが、どうかご理解くださいますようお願い申し上げます。

敬具

2　この文書で最も伝えたいことは何か

1　一部の商品を送るのが遅れるので待ってほしい。

2　一部の商品の生産が追いつかないので注文の数を変更してほしい。

3　すべての商品を同時に送ることができるように努力している。

4　すべての商品の生産が間に合わないので送るのは来月以降になる。

(3)

　いまの日本は、人口が一億人以上いることを前提にした仕組みが数多くあります。^(注1)
100 年前から始まった人口増加の流れの中でできあがった社会保障などの仕組みを維持^(注2)^(注3)
したまま国を成長・発展させるには、人口を減らさない努力が必要になります。しかし、
人口減少をやみくもに問題視するのではなく、減ることを“自然な変化”としてとらえ^(注4)
るほうが、長期的には正しい選択ができるように思うのです。つまり、いまの国の仕組
みを見直しながら、幸せに人口を減らしていくことができれば、新しい国のかたちが見
えてくるのではないか、と。

（山崎亮『ふるさとを元気にする仕事』ちくまプリマ―新書による）

（注1）前提にする：当たり前と考える
（注2）社会保障：国が国民の生活を守る制度
（注3）維持する：持ち続ける
（注4）やみくもに：あまり考えないで

3　筆者は新しい国のかたちのためにどうすればいいと考えているか。

1　人口を今以上に増やす。

2　人口を一億人以下に減らす。

3　人口が一億人以上いる状態を前提にする。

4　人口が減っていってもいいように国の仕組みを変える。

(4)

　本屋大賞は全国の書店員が「いちばん！売りたい本」を選ぶ賞である。書店員で組織された実行委員会によって運営されている。実行委員会はそれぞれの職場とは無関係だ。

　（中略）

　優れた作品を選ぶのではなく、「売りたい本」を選ぶというところに特徴がある。もちろん「売りたい」には「読んでほしい」という気持ちもあるだろうし、「優れている」「面白い」という気持ちもあるだろう。でも、「売りたい」本を選ぶというところが、<u>ほかの文学賞と大きく異なる</u>ところだ。

（永江朗『「本が売れない」というけれど』ポプラ新書による）

4 筆者はなぜ本屋大賞を<u>ほかの文学賞と大きく異なる</u>と述べているか。

　1　職場で売れた本とは全く関係のない本を賞に選んでいるから

　2　職場で売れた本を他の書店でも売ってほしい本として賞に選んでいるから

　3　賞に選ばれる本は全国の書店員の素晴らしいという思いから選ばれた作品だから

　4　賞に選ばれる本は全国の書店員の売りたいという思いから選ばれた作品だから

(5)

　ことばの地域差の成立について、近代以前と以後、またテレビ普及の以前と以後にくっきりと分ける考え方があるが、そうはっきり違うわけでもない。昔も今も、同じ統合と分岐という二つの動きがあるのだ。たしかに共通語化という統合の動きが近代以降、テレビ普及以後に大きくなったが、だからといって、新たな地域差を生み出す分岐の動きがとだえたわけではない。共通語化も進めながら、新方言も生み出している。ことばはつねに変わるものなのだし、地域差はなくならない。

（井上史雄『日本語ウォッチング』岩波新書による）

5 筆者の考えに合うのはどれか。

1　テレビ普及によって、ことばの地域差は完全に成立しなくなってきている。

2　昔はことばが統合する動きはなかった。

3　方言は将来もなくならないものだと言える。

4　新しい方言が生まれたのはテレビの力によるところが大きい。

問題2 次の（1）から（3）の文章を読んで、後の問いに対する答えとして最もよい
ものを、1・2・3・4から一つ選びなさい。

（1）

　小説家とは何か、と質問されたとき、僕はだいたいいつもこう答えることにしている。
「小説家とは、多くを観察し、わずかしか判断を下さないことを生業<ruby>生業<rt>なりわい</rt></ruby>とする人間です」と。

　なぜ小説家は多くを観察しなくてはならないのか？　多くの正しい観察のないところ
に多くの正しい<ruby>描写<rt>びょうしゃ</rt></ruby>はありえないからだ。（中略）なぜ小説家はわずかしか判断を下さ
ないのか？　最終的な判断を下すのは常に読者であって、作者ではないからだ。小説家
の役割は、下すべき判断をもっとも<ruby>魅惑<rt>みわく</rt></ruby>的なかたちにして読者にそっと（べつに暴力的
にでもいいのだけど）手渡すことにある。

　おそらくご存じだとは思うけれど、小説家が（面倒がって、あるいは単に<ruby>自己顕示<rt>じこけんじ</rt></ruby>^(注1)
のために）その権利を読者に<ruby>委ねる<rt>ゆだ</rt></ruby>^(注2)ことなく、自分であれこれものごとの判断を下し
始めると、小説はまずつまらなくなる。深みがなくなり、言葉が自然な<ruby>輝き<rt>かがや</rt></ruby>を失い、物
語がうまく動かなくなる。

　良き物語を作るために小説家がなすべきことは、ごく簡単に言ってしまえば、結論を
用意することではなく、<ruby>仮説<rt>かせつ</rt></ruby>をただ<ruby>丹念<rt>たんねん</rt></ruby>^(注3)に積み重ねていくことだ。我々はそれらの<ruby>仮説<rt>かせつ</rt></ruby>
を、まるで<u>眠っている猫を手にとる</u>ときのように、そっと持ち上げて運び（僕は「<ruby>仮<rt>か</rt></ruby>
<ruby>説<rt>せつ</rt></ruby>」という言葉を使うたびに、いつもぐっすり眠り込んでいる猫たちの姿を思い浮かべ
る。温かく柔らかく湿った、意識のない猫）、物語というささやかな<ruby>広場<rt>ゆうこう</rt></ruby>の真ん中に、
ひとつまたひとつと積み上げていく。どれくらい<ruby>有効<rt>ゆうこう</rt></ruby>に正しく猫＝<ruby>仮説<rt>かせつ</rt></ruby>を選びとり、ど
れくらい自然に<ruby>巧み<rt>たく</rt></ruby>にそれを積み上げていけるか、それが小説家の力量になる。

　　　　　（村上春樹「自己とは何か（あるいはおいしい<ruby>牡蠣<rt>かき</rt></ruby>フライの食べ方）」『雑文集』新潮社による）

（注1）<ruby>自己顕示<rt>じこけんじ</rt></ruby>：自分を目立たせようとすること
（注2）<ruby>委ねる<rt>ゆだ</rt></ruby>：まかせる
（注3）<ruby>丹念<rt>たんねん</rt></ruby>に：ていねいに

6 筆者は小説家の役割は何だと言っているか。

1　目立つ描写をすること

2　結論を用意すること

3　最終的な判断を下すこと

4　判断を読者に委ねること

7 眠っている猫を手にとるとは、何を例えているか。

1　仮説を選びとること

2　言葉を輝かせること

3　よい物語を作ること

4　物語の真ん中に立つこと

8 本文の内容に合っているものはどれか。

1　よい読者というのは判断を下せる読者である。

2　自己顕示欲の強い小説家の物語は人を引きつけるおもしろさがある。

3　小説家は多くを観察し正しい描写をして読者に渡さなければならない。

4　力量のある小説家の仮説は読者に結論を見つけさせることができる。

第1回　第2回　第3回　第4回　第5回

(2)

　先日こんな<u>意見</u>を聞いた。子どもが残したご飯を「もったいない」といって代わりに
　①
食べる親をファミリーレストランなどで見かけるが、絶対にやめたほうがいい。その一
口で太ってしまうし、中年にもなれば太るとなかなかやせないものだ。健康(けんこう)に悪い、と
いうのである。

　確かにその通りかもしれない。健康(けんこう)が失われるとすれば、子どもの残すご飯よりも、
そちらのほうがよほどもったいない。しかしそれでも、私は子どもが残したご飯を食べ
ずにはいられない。食べたら太る、太ったらやせない、ああ身体(からだ)に悪いなあ、と頭では
わかっているにもかかわらず、だ。

　これは、ある種の<u>「呪い」</u>なのではないか。子どものころから「もったいない」「残
　　　　　　　　(のろ)
　　　　　　　　②
してはいけない」と、何度も親に言われて育ったものだから、ご飯を残すことに対して
深く沁(し)み込んだ罪悪感(ざいあくかん)がある。食べ物を粗末(そまつ)にするなどということは、もう犯罪と同じ
だと思い込んでいたりするのである。

　しかし、考えてみるとわれわれの親世代は、戦後まもなくの食糧難(しょくりょうなん)の時代に子ども
時代を過ごしていたはずだ。それに対して、今は飽食(ほうしょく)の時代である。だから、食に対
する考え方も違って当然なのだ。大切なことは、今の時代にふさわしい新しい価値観の
下で、親も子も健(すこ)やかで楽しい"食事"のありかたを柔軟(じゅうなん)に考えていくことなのではな
いだろうか。

9　①<u>意見</u>とあるがどんな意見か。

　1　親は自分自身の健康(けんこう)のため、子どもが残したご飯を食べるべきではない。

　2　教育のため、子どもにはご飯を残さないように指導するべきだ。

　3　もったいないので、子どもの残したご飯は親が食べるべきだ。

　4　みっともないので、残したご飯は親も子も食べるべきではない。

10　ここでいう②「呪い」とは何か。

1　料理をした人が料理を残した人を憎む気持ち

2　食べられないのに「食べろ」という親のことを嫌に思う気持ち

3　「もったいない」と教え込まれたせいでどうしても食べ物を捨てられない気持ち

4　ご飯を残したり捨てたりしてしまっては料理をした人に申し訳ないと思う気持ち

11　本文の内容に合っているものはどれか。

1　今は食糧難の時代ではないから、食べ物の大切さを教える必要は一切ない。

2　健康のために食べすぎてはいけないことをまず子どもに教えるべきだ。

3　食事のあるべき形を考えるとき、時代の価値観を無視するべきではない。

4　食べ物が大切であることは、どんな時代にも変わらない事実である。

第1回　第2回　第3回　第4回　第5回

(3)

　百獣の王、ライオンは、子を産むと、はじめは母乳を飲ませます。そして次第に肉を食べさせるようになります。そのために母親がサバンナで狩りをして、獲物を捕らえ、肉を裂き、子に食べさせます。しかし、ある程度成長してくると、狩りをさせるようになります。肉を直接与えるのではなく、自分で食べ物を得るようにさせるのです。そう①しなければ、母ライオンが怪我をしたり、死んだりしたとき、子はエサを得ることができず、餓死してしまうからです。

　子ライオンは、エサを与えれば空腹を満たすことができるので、一時的には満足します。しかし、そのようなことを続けていると、長い目で見ると、全く成長しないことになり、不幸だと言えるでしょう。②

　人間にも全く同じことが言えます。

　人を育てるということは、どういうことでしょうか。衣食住を与えれば、人は生きてゆくことができます。すべてを与えておけば、本人は満足します。生きてゆくこともできます。しかし、与える者（多くは親）に事故があったらどうなるのでしょうか。生きてゆく知識と知恵を得ておかなければ、やはり本人にとって不幸と言えるでしょう。「何もできない人間にするには、全てを与えればよい」という言葉があります。全てを与えられると、何もできない人間になってしまうのです。

（谷原誠『「いい質問」が人を動かす』文響社による）

12　①そうとあるが、どういうことか。

　　1　母ライオンが子ライオンに母乳を飲ませること

　　2　母ライオンが子ライオンに狩りの仕方を教えること

　　3　子ライオンが母ライオンに肉を与えてもらうこと

　　4　子ライオンが母ライオンにエサを食べさせてもらうこと

13　②不幸だとあるが、なぜか。

　　1　自分で食べ物を得ることができないから

　　2　空腹は満たせても、満足できないから

　　3　母ライオンが死んで悲しいから

　　4　母ライオンは空腹のままだから

14 この文章で筆者が言いたいことは何か。

1　食べ物を与え続けることこそが親が子に対する愛情である。

2　自分の力で生きていけるように育てることが必要である。

3　食べ物を十分に与えられない人間は不幸である。

4　すべてを与えられて満足できる人間は幸せである。

問題3 次のＡとＢの文章を読んで、後の問いに対する答えとして最もよいものを、1・2・3・4から一つ選びなさい。

A

　　確かに、自動車は便利である。好きなときに、好きなところに出かけることができる。日本では道路もよく整備されているから、ほとんどどこでも気持ちよく走ることができる。

　　しかし、マイナスの面も忘れてはならない。今の時代、何より環境のことを考えなければならない。きれいな空気はいつまでもきれいなままではないのだ。これからは、地球環境を守るために、場合によっては便利さ・快適さをがまんする必要があるのではないか。私たち一人ひとりがしっかり考えていかなければならないように思う。

B

　　自動車は環境に悪い。特にトラックのような大きい車は悪だ。使うべきではない、という人さえいる。しかし、これはむろん極端な意見である。例えば、私たちが毎日コンビニで便利に買い物ができるのも、商品をコンビニに運んできてくれるトラックのおかげだ。ネット通販だって、トラックがなければ成り立たないのだ。

　　私たちは、現代の便利で快適な生活を捨てることができるだろうか。それはなかなか難しいのではないか。もう後には戻れないのではないかと私は考えている。

15 A と B が共通して主張していることは何か。

1 自動車は便利なものであって、私たちの生活を豊かにしてくれている。

2 自動車は一概に環境に悪いとは言えない。

3 自動車は地球環境にとって悪なのであり、便利だからと言って今のように使い
続けることはできない。

4 自動車にはマイナスの面もあるが、プラスの面の方が大きい。

16 自動車と環境について A と B はどのように考えているか。

1 A は自動車は環境に悪い影響を与えるが必要性が高いと考え、B は自動車は環
境に悪い影響を与えるから今までのように使うことはやめたほうがいいと考え
ている。

2 A は自動車は環境に悪い影響を与えるから使わないようにするべきだと考え、
B は自動車は今の生活になくてはならないものだから環境のことは考える必要
はないと考えている。

3 A は自動車は便利であるが環境への影響を考えると今のまま使い続けることは
よくないと考え、B は自動車は環境には悪い影響を与えるが自動車の便利さを
手放すことは難しいと考えている。

4 A は自動車は便利で快適な生活をもたらすから環境への影響は考える必要がな
いと考え、B は自動車は環境にとって悪であるからいくら便利であっても使う
べきではないと考えている。

問題4 次の文章を読んで、後の問いに対する答えとして最もよいものを、1・2・3・4から一つ選びなさい。

　別荘をもっていても、月に2回以上利用している人は多くありません。別荘をもっていても、仕事をしているとなかなか利用できません。また掃除や家の手入れが好きでない人にとっては、別荘に行っても掃除ばかりしていると嘆くことになります。そういう人は、会員制のリゾートクラブのほうが向いています。（中略）

　インフレの時代を経験している世代、バブルの好景気とその消滅を経験している世代、デフレの時代に育った若い世代では、モノと価格に対する価値観が違います。しかしどういう経験をしてきている人でも、使わないお金や資産をたくさんもっているより、自分を豊かにし、人に喜ばれるお金の使い方をしたほうが<u>お金が生きる</u>ことはわかると思います。別荘をもっていたら友人を呼び、友人たちに使ってもらってこそもつ甲斐があります。

　車もそうです。地方で公共交通機関が少ないところでは、車がないと暮らせません。車で高齢者や障害者の送り迎えをするボランティアも求められています。しかし、東京や大阪のような大都市では公共の交通でほとんどのところに行けます。車は所有せず、家族旅行をしたい、キャンプに行きたいというときは、レンタカーを借りたほうが合理的です。所有する場合も、車はステータスシンボルとばかり高級車に乗るより、環境配慮としてハイブリッド車に乗るほうがかっこいいというように、高価な物をもっているからでなく、どういう生活方針をもっているかがあなたの人間の品格を表現します。いくらいいものをもっていても自分のためだけ、自分の豊かさをみせびらかすためだけでは、いいモノをもっている甲斐がありません。

　人間は外見で判断されるという場合の外見は、顔やスタイルだけでなく、態度や物腰、話し方です。他には服装や小物でしょうが、それらは高価なものである必要はありません。質がよくて似合っていればよいのです。むしろ場違いに高価なものをもっていると、成金趣味とか下品だと取られるかもしれません。安物は安っぽく見られますが、きらきらギラギラしたぜいたく品は品格を低めます。浪費もけちも、お金に振り回されているという点では同じです。

　お金やモノに振り回されないで自分のスタイルをもつには、利用するのか所有するのかを見分け、選択し、メリハリを利かせることです。

（坂東眞理子『女性の品格』PHP新書による）

17 ここでの<u>お金が生きる</u>とは、どういうことか。

1　お金が持ち主と同じ価値観の人に使われること

2　お金がたまって増えていくこと

3　お金が自分や人の役に立つこと

4　お金を使ったら戻ってくること

18 筆者は別荘(べっそう)や車についてどのように述べているか。

1　生活に欠かせないものだ。

2　所有するのはむだだ。

3　大都市の人にこそ必要だ。

4　よりよく利用してこそ価値がある。

19 本文の内容に合うものはどれか。

1　世代によって価値観が違うことはしかたがないことだ。

2　身に着けるなら、高価なものでなくても質がよくて似合うものがよい。

3　自分以外の人の役に立つかを考えて、お金を使わなければならない。

4　人間は、態度(たいど)や物腰(ものごし)よりも顔やスタイルなどで判断されやすい。

第1回　第2回　第3回　第4回　第5回

問題 5　右のページは、ある美術館のホームページに載っている体験コースの案内である。下の問いに対する答えとして最もよいものを、1・2・3・4から一つ選びなさい。

20　マイケルさんは日本語学校の学生である。来週の校外学習で、クラスメート 18 人と体験コースに申し込むことにした。予算は一人 1,800 円で、参加できるのは一人一つだけである。授業時間内（13：30 〜 17：00）に体験できるのはどのコースか。

　　1　AとB

　　2　AとBとC

　　3　BとD

　　4　AとD

21　ゆうこさんは今日、Cコースの 1 回目とDコースの 2 回目を予約していたが、Cコースが終わったあと急用が入り、15 時半に美術館を出なくてはいけなくなった。Dコースの 2 回目はあきらめることにしたが、なるべく多くのコースに参加したいと思っている。ゆうこさんはCコースのあとどれに参加するか。

　　1　AとB

　　2　AとD

　　3　A

　　4　D

伝統工芸美術館
絵付け体験コースのご案内

　伝統工芸美術館では、以下の絵付け体験ができます。ご来館の記念にお友達と、ご家族と、世界で一つだけの作品を作りませんか。コースはA〜Dで、開館日（毎週月曜日休館）は毎日2回ずつ開催しています。

Aコース　ハンカチ
費用：一般　900円 　　　　団体　810円 予約：不要 時間：①　10：00〜11：00 　　　　②　14：00〜15：00

Bコース　マグカップ
費用：一般　2,000円 　　　　団体　1,800円 予約：不要 時間：①　11：00〜12：30 　　　　②　15：00〜16：30

Cコース　うちわ
費用：一般　1,200円 　　　　団体　1,080円 予約：必要 時間：①　10：00〜12：30 　　　　②　12：30〜14：00

Dコース　Tシャツ
費用：一般　2,000円 　　　　団体　1,800円 予約：必要 時間：①　13：00〜15：00 　　　　②　15：30〜17：30

・15名様以上で入場の場合、団体料金になります。受付でお申し出ください。

・参加費は当日受付でお支払いいただきます。

・予約が必要なコースは、前日の12：00までにご予約ください。火曜日に体験ご希望される方は日曜日の12：00までにお願いします。

・予約不要のコースは、当日、体験開始の5分前までにお集まりください。

・予約が必要なコースで、予約後キャンセルをされたい方は前日の12：00までにご連絡ください。それ以降は、体験の有無にかかわらず体験料の50%をいただきます。

第**4**回

正答数

/ 21問

解答時間のめやす

65 分

解答・解説 ⟶ 別冊 6 ページ

問題1 次の（1）から（5）の文章を読んで、後の問いに対する答えとして最もよい
ものを、1・2・3・4から一つ選びなさい。

（1）

　私は、ロボットの研究に携われてかなり幸運だったと思っている。むろん他の仕事に
就いていても、人間理解を基本問題にすえた活動をしていた可能性は非常に高い。しか
しロボットがいいのは、分かりやすい形で、自分の研究成果を世の中に出せることであ
る。その分かりやすさゆえに誤解を生むこともあるが、それでも、他の分野に比べて、
純粋に「人間を理解したい」という気持ちを持ちながら、研究に取り組むことができる。

（石黒浩『ロボットとは何か─人の心を映す鏡』講談社現代新書による）

1 筆者がロボットの研究に携われて幸運だったと思っている理由について、合ってい
るものはどれか。

1　研究成果を目に見える形で社会に出せるから

2　他の仕事ではまったく人間理解について研究ができないから

3　誤解を解くことにやりがいを感じるから

4　ロボットの研究は他の分野の人にとって分かりやすいから

(2)

　日本人が英語を苦手とすることは相変わらずである。私も、指導している大学院生に英語の論文を書かせるときに、いつも苦労している。せっかく学力があるのに、国際舞台に立つ際に英語力がハンディキャップになっている。文部科学省から企業、家庭のお父さん、お母さんまで、自分や他人の英語力を何とかしたい！　と願っている人は多いのではないか。

　最初から自分でしゃべろうとすると、つたなくなってしまう。それで、ついおっくうになる。ならば、熟練した人々が、目の前で流暢な会話を交わしているところを、ライヴで見るのがよい。そのような「劇場効果」による学習効果は、きわめて高い。実際、私たちは、大人たちの交わす言葉のドラマを聞きながら、母国語を学んできたのである。

（茂木健一郎『脳の中の人生』中公新書ラクレによる）

2 「劇場効果」とあるが、その学習方法とはどのようなものか

　　1　海外で実際に英語をどんどん使って話してみること

　　2　英語が上手な人同士が会話しているのをその場で見ること

　　3　英語のドラマや映画を見て勉強すること

　　4　子どもの時から大人に英語をきちんと学ぶこと

(3)

　現在は、モノと情報があふれかえっている時代だ。少し前には、テレビやラジオで確認するしかなかったプロ野球のリアルタイムな試合経過も、今では、ネットさえつながれば携帯やスマホでどこにいても知ることができる。

　商品やサービスについての情報も大量に流通しているので、まったく目にしたことも、耳にしたこともない商品やサービスなどはそうそうない。

　こうした状況で、顧客に、「あっ、これは面白そう」「他とちょっと違うな」「なんだ、これは⁉」という驚きや感動を与えられなければ、勝ち残ることができないわけだから、ビジネスのハードルは以前に比べて相当に高くなっている。いかにユニークな価値を持つ発想ができるかで勝敗は決まってくる。

　　　　　（理央周『ひつまぶしとスマホは、同じ原理でできている』日経プレミアシリーズによる）

3 筆者の考えに合うものはどれか。

　1　現在は情報があふれかえっている時代なので、何が本当かを見極める目が大切だ。

　2　情報を得る手段としてネットに頼りすぎており、ネットがないと何もできない。

　3　他と同じことをしていては、お客様の目を引くことはできない。

　4　以前と比べるとユニークな発想を持つ会社が増えてきた。

(4)

いけづくり【生け作り】

　刺身の食べ方のひとつで、珍重される。(注1) ぴくぴく動いているのがいいのであって、動かないでいるのには、わざとお酒をかけたり、つついたりして、跳ねるのを見ておもしろがっている。味はこの際どうでもいい。生きているのなら新鮮だ。新鮮だからおいしいに違いないという、論理にならない論理によって、おいしがられる。

　数年前、イギリスの権威ある科学雑誌に、魚には痛覚があるという論文が発表された。(注2) 以来、私は、生け作りがおいしいと思えなくなってしまった。世の中には、知らないでいるほうがずっと幸せであることが、たくさんある。読まなきゃよかった。

（金田一秀穂『お食辞解』文春文庫による）

（注1）珍重する：珍しいものとして大切にする
（注2）痛覚：痛いと感じる感覚

[4] 筆者がイギリスの雑誌を読まなきゃよかったと思っているのはなぜか。

1　新鮮だからおいしいということに、根拠がないと書いてあったから

2　動いている魚を見ているだけでおいしさを感じるのは勘違いだとわかったから

3　魚が痛みを感じていることを知り、生け作りのおいしさを感じなくなったから

4　動かないものを動かそうとしてつついたりすると、魚が嫌がると知ったから

(5)

以下は、ある会社が出したメールの内容である。

> 　毎日の業務お疲れさまです。今夏の夏季一斉休暇について下記のとおり決定
> しましたのでお知らせいたします。
>
>
> 1.　期　　間　：8月12日（土）から8月17日（木）までの6日間
> 2.　注意事項：休暇期間中は、原則として本社事務所及び工場への立入りがで
> 　　　　　　　きません。立入りの必要がある場合には、あらかじめ各課の課
> 　　　　　　　長の許可を得て入場許可証を受領し、総務部長に提出してくだ
> 　　　　　　　さい。
> 3.　その他　　：8月18（金）から平常勤務とします。
> 　　　　　　　当日から速やかに平常業務が再開できるよう、各自事前の清掃
> 　　　　　　　等を実施してください。
> 　　　　　　　なお、この件に関してご質問のある場合は、総務部・石田まで
> 　　　　　　　メールをお送りください。
>
> 　　　　　　　　　　　　　　　　　　　　以上よろしくお願いします。

5 休暇中に工場に入りたい社員は、まず何をしなければならないか。

1　課長に立入りを申請する。
2　総務部長に入場許可証を提出する。
3　清掃等を実施する。
4　総務の石田さんにメールする。

問題2 次の（1）から（3）の文章を読んで、後の問いに対する答えとして最もよい
ものを、1・2・3・4から一つ選びなさい。

（1）

　悩むのは、悩む時間があるからである。確かに、本当に大変な人もいる。しかし、大
きな歴史の中での比較をすれば、我々は時間が余って仕方がない。食材はスーパーに行
けばすぐに手に入るし、洗濯も機械がやってくれる。

　そして、余った時間をどう使おうかと悩む。そう、我々がいる社会は、①「時間消費社会」
である。（中略）

　時間消費社会と言うと、勤勉、成長、規律などを重んじる価値観でモノゴトを考える
人たちにとっては、なんとも不謹慎に響くかもしれない。しかし、人類の歴史はヒマ、
あるいは余裕の追求であった。そして、その過程で生まれたヒマを埋め合わせるための
ものを求めてきた。

　人間は脳が発達したおかげで、刺激がないとおかしくなってしまう。刺激にはすぐ慣
れてしまう。だから、さらに新しいものを求めていくのである。

　あらゆる人が時間つぶしの材料を求めている。時間つぶしだから楽しくなければならな
ない。何が楽しいかは人それぞれだし、どんなに新しくてもそのうち飽きられる。（中略）
その時間つぶしの材料は、企業が提供している。そして、あくなき個人の欲求に応えつ
づけるのは本当に難しい。

　そう、時間消費社会で企業を運営するということ、そしてそこで仕事する我々には、
②本当に高いレベルが求められているのだ。

（山崎将志『仕事オンチな働き者』日経プレミアシリーズによる）

（注）あくなき：決して満足することがない

6　筆者の言う①「時間消費社会」では何を考えなければならないか。
　　1　短い時間の中でいかに効率よく物事を進めるかを考える。
　　2　刺激的で新しいものをいかに使うかを考える。
　　3　空いている時間をいかに埋めるかを考える。
　　4　与えられた時間の中でいかに勤勉に過ごすかを考える。

7 ②本当に高いレベルが求められているとあるが、それはどうしてか。正しいものを
選べ。

1　悩む時間をできるだけ少なくするものを売り出さないといけないから

2　どんな人にも絶対に飽きられないものを作成しないといけないから

3　全ての消費者が余裕を追求でき、満足できるものを考えて製品化しないといけ
ないから

4　ヒマを埋め合わせられ、あくなき個人の欲求に合うものを作らないといけない
から

8 本文の内容に合うものはどれか。

1　時代とともに「時間消費社会」は不謹慎だと考えられるようになるだろう。

2　時間つぶしの材料を求めている人に、企業が応えていくのは困難である。

3　時代が変わっても、余った時間にすることは変わっていない。

4　現代人は刺激的で楽しい時間を求めつづけることに飽きてきた。

（2）

　「なにがなんでも成功したい」

　「絶対ライバルに勝ちたい」

　このような意識が過剰になってしまうと、過度の緊張感や意気込みでガチガチに凝り固まって柔軟な発想や行動ができなくなり、かえって自分が持っている実力を発揮できなくなってしまうものです。

　叶えたいことに対して、あまり意識過剰にならないほうがいいでしょう。
　　　　　　　　　　　　①

　「意識しない」ということではありません。

　ただ、そのことで頭をいっぱいにするのをやめるということです。
　　　　②

　「成功したい。だから、負けるわけにはいかない。ライバルは何をしているんだろう？上司にもアピールしなきゃ」

　などと、気ぜわしく日々を過ごすより、
　　　　　　　（注）

　「成功したい。よし。今日も仕事を心から楽しもう」

　と気張りすぎず、当たり前のことをきちんとするほうが一つひとつ丁寧に取り組むことができるため、持っている力をしっかり発揮できます。

　「自然に、ありのままに」を意識するほうが、望みが叶う可能性が高いのです。

　心がおだやかで平常心であるほうが自分の持つ力を発揮できることは、脳科学の視点からもわかっています。

　目標に対して肩に力が入りすぎている、心が苦しくなってきたというときは、「もっと楽な気持ちで自然にやっていこう」と自分に言い聞かせましょう。

　目標や意識に縛られすぎず、目の前の日々を楽しむことが大切です。

（植西聰『悩みごとの９割は捨てられる』あさ出版による）

（注）気ぜわしい：気持ちが忙しく落ち着かない

9　①あまり意識過剰にならないほうがいいとあるが、なぜか。

　1　仕事が忙しいと心が苦しくなるから

　2　あまり気にしないほうがライバルに勝てるから

　3　緊張すると自分の力が出せなくなるから

　4　目的にまっすぐ向かったほうが望みが叶いやすいから

10 ②そのこととは何か。

1 目標

2 平常心

3 悩み

4 柔軟な発想

11 筆者の考えに合うものはどれか。

1 「楽しい」だけでは成功できない。

2 ライバルがいたほうが目標達成に近づける。

3 肩の力をぬいたとき、本当の力が発揮できる。

4 「自然に」と意識しすぎると、かえって緊張してしまう。

第1回 第2回 第3回 第4回 第5回

(3)

　現代の美術館では、作品を鑑賞するときの身体は、まるでそこに存在しないもので
あるかのように扱われています。多くの場合、作品には「お手を触れないでください」
という注意書きが付され、身体性を伴ったお芝居やダンスパフォーマンスでも、観客
は大人しく見る、あるいは聞くということしか許されていません。鑑賞するときに触
れることを必然的に伴うような「触覚のアート」は、まだ存在していないのです。

　それでも、一部のアーティストは、「場」そのものを設計し、その場所に鑑賞者が身
をおくことによって全身を通じて作品を感じ取るような作品を先駆的につくってきまし
た。(中略)

　どのような形になるのかはわかりませんが、触れることを主軸としたアートが生まれ
るのも、もうまもなくのことではないかと私たちは思っています。それをサポートする、
触覚を表現するためのテクノロジーがいよいよ普及してきたからです。比較的廉価な
レーザーカッターや3Dプリンタが登場し、だれもが気軽にものづくりに手が出せる環
境が整ってきました。

（テクタイル 仲谷正史ほか『触楽入門 はじめて世界に触れるときのように』朝日出版社による）

(注)廉価：値段が安い

12　①作品を鑑賞するときの身体について、現代の美術館ではどうしなければならな
　　いと言っているか。
　1　自分の存在感を見せつけるようにする。
　2　全身を通じて作品を感じ取るようにする。
　3　作品に触れることをせずに見たり聞いたりする。
　4　気軽に鑑賞するためにテクノロジーを利用する。

13　②それとは何か。
　1　作品を鑑賞できる身体をつくること
　2　作品を鑑賞できる「場」をつくること
　3　触れる環境をつくること
　4　触れる作品をつくること

14 この文章で筆者の言いたいことは何か。

1 作品やパフォーマンスを気軽に鑑賞^{かんしょう}することは難しくなるだろう。

2 誰でも新しいテクノロジーを簡単に使えるようになってきた。

3 「触れるアート」が安く手に入れられるようになってきた。

4 テクノロジーの進化によって「触れるアート」が身近になりつつある。

問題3 次のＡとＢの文章を読んで、後の問いに対する答えとして最もよいものを、1・2・3・4から一つ選びなさい。

A

　　「ほめて伸ばせ」という言葉がある。教師が子どもを指導する際に、叱るのではなく、ほめることで自信を持たせ、やる気を引き出し、そして能力を伸ばせということである。勉強したつもりなのに、テストの点数が悪かった時に、「努力が足りないからだ」「もっと努力しろ」と厳しい言葉をかけられたら、誰でも自信をなくし、勉強をやめたくなるはずだ。だから「ほめて伸ばせ」というのは至極当然なことである。しかし一方で「ほめられなければやりたくない」という子どもも存在し、それはそれで問題である。「ほめる」というのもただ手放しにほめるのではなく、「こうすればもっとよくなるよ」というようにアドバイスを含めた「ほめる」でなければ子どもの自主性が育たないのではないだろうか。

B

　　子どもの学力を伸ばしたいと考えるとき、「ほめて伸ばす」だの「叱って伸ばす」だのという議論があるが、「叱る」も「ほめる」もよい方法だとは考えない。なぜかというと、叱れば自信を失わせることにつながり、ほめすぎれば、ほめなければ努力できない子になる可能性もあるからだ。ほめることも叱ることもせず、子どもと1対1で向き合うことこそ、子どもの能力を伸ばすために必要なことではあるまいか。「ほめる」ことも「叱る」ことも上の立場にたって評価を下す行為にほかならない。教師と子どもだからといって、上下関係があると考えるのはそもそもおかしい。一人の人間の成長を見守るというスタンスが子どもにとって自信につながるはずだ。

15 ＡとＢの文章で共通しているのは何か。

1　叱ることは子どもを指導するうえで良い方法ではない。

2　あまりほめると、子どもの自主性が育たなくなる。

3　叱りすぎはよくないが、叱るべきときに叱るのは子どものためだ。

4　おおげさなほどほめてやらないと子どもは自信をなくす。

16 子どもに対する指導について、ＡとＢではどのように述べているか。

1　Ａはほめることが子どもの自信をつけるといい、Ｂはほめも叱りもせず、ただ評価を下せばいいと言っている。

2　Ａはほめることは必要だがほめ方は工夫したほうがいいといい、Ｂは一人の人間として見守る姿勢が大事だと言っている。

3　Ａは叱ってもよいがむやみに厳しい言葉をかけるべきではないといい、Ｂは努力しない子どもは叱るべきだが、言い方に気をつけたほうがいいと言っている。

4　Ａは叱るよりもほめたほうが子どものやる気を引き出せると言い、Ｂは叱ってもほめてもやる気は変わらないと言っている。

第1回　第2回　第3回　第4回　第5回

問題4 次の文章を読んで、後の問いに対する答えとして最もよいものを、1・2・3・4から一つ選びなさい。

21世紀になって「変わったな」と感じるのは、決断のサイクルが短くなった点だ。褒めているのではない。①危惧しているのだ。(注1) 個人レベルから政府のそれまで、重大な決定をとりあえず今手元にある資料だけで、すぐに判断しようとする。そこには情報の欠落や、自分の思い至らなさからくる把握の浅さや、何よりも誰にもまだ知られていない要素があるのではないかという真実への畏れがない。下手をすれば、後から不都合なデータが出てきても知らないふりをして「想定外」を決め込むのである。

しわ寄せは立場の弱い者に回ってくる。(注2) そのひとつのあらわれが、若者の困難という現象だ。

現代の若者は二重の「決めつけ」に苦しんでいる。そのひとつは「今どきの若者は甘えている」「努力が足りない」という世間からの決めつけだ。自分の意見をいわない、存在感に乏しいといわれることも多い。しかし若者の人数が減っているのだから、世代としての②「今どきの若者」の声が小さくなったのは当然である。

高度経済成長期に日本の生産力が飛躍的に伸びたのは、高齢者が少なくて労働人口が多かったのだから、当然だった。団塊の世代（親世代）の一人当たりの生産能力が、(注3) 現代の若者より大きかったわけではない。

また今後も出生率が減り続けるとしたら、それはたしかに今の若者の責任となるかもしれないが、今、若者人口が減っているのは、間違いなく先行する親世代に主たる責任がある。

もうひとつの「決めつけ」は若者自身の意識の側にある。「がんばってもどうせ何も変わらない」「自分たちの世代（若者）は損をしている」という弱者意識、被害者意識に囚われすぎている気がする。どの時代だって、どの世代だって、さして得はしていない。

中高年が語る「俺たちの若い頃は」的自慢話はほとんどバーチャルな架空記憶だから鵜呑みにしないほうがいい。(注4)

（長山靖生『若者はなぜ「決めつける」のか─壊れゆく社会を生き抜く思考』ちくま新書による）

（注1）危惧する：恐れる、不安になる

（注2）しわ寄せ：あることの結果生じた無理や矛盾を、他の部分に押しつけること

（注3）団塊の世代：1947年〜49年に生まれた世代

（注4）鵜呑みにする：人の言うことをよく考えないでそのまま信じる

17 ①危惧しているとあるが、筆者は何を恐れているのか。

1　自分に都合が悪いことは見ないふりをすること

2　今の人たちが、大切なことは何か、よく考えずに判断してしまうこと

3　いろいろな情報には必ず間違いがあって、100％正しいとは言えないこと

4　現代の若者がいろいろなことで苦しんでいること

18 ②「今どきの若者」の声が小さくなったのは当然であるとあるが、筆者はなぜ当然だと考えているか。

1　今の若者は存在感がないから

2　若者の人口が減ってきているから

3　今の若者は努力しなくなったから

4　今の若者は困難が多いから

19 筆者の考えに合うものはどれか。

1　若者は自分たちの世代は損をしていると考えがちだが、実はそうでもない。

2　若者が自分の意見をいわないのは、親世代に責任がある。

3　若者がいろいろな困難に苦しむのは、決断力がないせいだ。

4　今の若者が高度経済成長期に生まれていたら、もっと働いていたはずだ。

問題5 右のページは、ある映画館の会員募集の案内である。下の問いに対する答えとして最もよいものを、1・2・3・4から一つ選びなさい。

20 45歳の会社員、山田さんは現在桜橋シネマの会員である。更新のためにはどういう手続きをとればよいか。

1 自動的に更新されるので何もしなくてもよい。

2 劇場窓口に行き、更新料3,000円を支払う。

3 劇場窓口に行き、入会金4,000円と更新料3,000円を支払う。

4 わかば銀行に更新料3,000円のみ振り込む。

21 鈴木さんは、21歳で大学生である。同じ大学に通う同い年の友だちと新作映画を観に行く。鈴木さんはこの機会に会員になるが、友だちは会員にならない場合、2人は全部でいくら払わなければならないか。

1 4,000円

2 4,100円

3 4,200円

4 4,300円

桜橋シネマ会員を募集しています！

映画ファンの皆様、今年も桜橋シネマ会員募集の時期がやってまいりました。桜橋シネマの会にご入会いただきますと、数々のお得な特典が受けられます。ぜひ、この機会に桜橋シネマの会員になり、映画をより一層楽しんでみられてはいかがでしょうか。

＊募集／更新期間：毎年11月1日～翌1月31日（3か月間）
＊入会／更新方法：当劇場窓口にて

更新の方は、銀行からのお振込みも可能です。上記更新期間中に、わかば銀行（当座●●●－1234）へお振り込み下さい。

お振込みが確認されましたら、招待券とポイントカードをお送りします。

お手数ですが、古いポイントカードは劇場にてご返却ください。

振込手数料はお客様にてご負担下さい。

一般会員

・入会金 4,000 円／更新料 3,000 円（更新特典：招待券 1 枚）
・有効期限は 1 年間
　① 通常鑑賞料金：1,000 円（会員でない方は 1,800 円）
　② 招待券 1 枚進呈
　③ ポイントカード（有料鑑賞時 1 ポイント捺印、10 ポイントで 1 作品ご招待）
　④ 毎月、月刊桜橋シネマ送付

シニア会員（60 歳以上）

・入会金 1,500 円／更新料 1,500 円（更新特典：招待券一枚）
・有効期限は 1 年間
　① 通常鑑賞料金：800 円（会員でない方は 1,000 円）
　② ポイントカード（有料鑑賞時 1 ポイント捺印、5 ポイントで 1 作品ご招待）
　③ 毎月、月刊桜橋シネマ送付

学生会員

・入会金 2,500 円／更新料 2,500 円
・有効期限は 1 年間
　① 通常鑑賞料金：800 円（会員でない方は 1,000 円）
　② ポイントカード（有料鑑賞時 1 ポイント捺印、8 ポイントで 1 作品ご招待）
　③ 毎月、月刊桜橋シネマ送付

第**5**回

正答数

21問

解答時間のめやす

65

分

解答・解説 ——→ 別冊 6 ページ

問題1　次の（1）から（5）の文章を読んで、後の問いに対する答えとして最もよい
　　　　　ものを、1・2・3・4から一つ選びなさい。

（1）

　頭で知ったことというのは、しょせん、それだけのものです。知識を詰め込むことは
できても、知恵にはなりにくい。私も、長年にわたる幼児教育の研究からつくづく感じ
るのですが、赤ん坊がまだ言葉を話せないうちから、くり返し体験したことは、その人
が生まれつき持っていた"素質"のように、ほんとうに身についたものになりますが、
大きくなってから理屈で考えるようになって覚えたものだと、なかなか身につきにくい
のです。

（井深大『わが友・本田宗一郎』ごま書房による）

（注）しょせん：結局は

1　筆者の考えに合うのはどれか。

　1　知恵は、知識を詰め込むことによって身につく。

　2　知恵が身につくかどうかは、"素質"があるかどうかによって決まる。

　3　大人になってから考えて覚えたことは、身につきにくい。

　4　大人になってから知恵を身につけることはできない。

(2)

　「みんなちがってみんないい」というのは、実は難しい。無責任にこのフレーズを口にすることはできない。

　はたしてあなたは、人を悲しませることを喜びとするような者を、「みんなとちがう」者として受け入れることができるだろうか。みんなとちがうことって、本当にいいことなのだろうか。

　そうかといって、「みんなおなじ」がいいかというと、それははっきり違う。人はそれぞれに違い、その違いが尊重されるべきことは、いうまでもないことだからだ。

　このフレーズを口にするなら、どこまでが許されどこからが許されないか、<u>そのあたりを考えてからにしたい</u>。

[2]　「<u>そのあたりを考えてからにしたい</u>」とあるが、なぜか。

　　1　筆者は、悲しみや喜びは人によって異なると考えているから

　　2　筆者は、「みんなちがう」よりも「みんなおなじ」ほうが正しいと考えているから

　　3　筆者は、「みんなちがう」ことはいいことばかりではないと考えているから

　　4　筆者は、人がそれぞれ違うことが尊重されなければならないと考えているから

(3)

　私たちはいつも、時間というものを意識しています。生活においては食事や出勤など、何時にその行為を行うかが決まっている物事も多く、時間を気にせずに1日を終えるようなことは、現代においては少ないのではないでしょうか。このような時間は、何かの「基準」にもとづく、物理量としての時間といえます。

　一方で、楽しいときは、あっという間に過ぎるように感じ、苦しいときはなかなか終わらないように感じるなど、時間という感覚には主観もかかわっています。年齢を重ねるほど、時が経つのが早く感じる、ということも誰もが経験することでしょう。

（安田正美『1秒って誰が決めるの？　日時計から光格子時計まで』ちくまプリマ―新書による）

（注）物理量：決められた大きさや長さなどの量

③　筆者は時間をどのようにとらえているか。

　1　時間はある「基準」ではかることができるが、その基準は経験によってかわることもある。

　2　時間はある「基準」ではかることができるが、状況や年齢によって感じ方が異なることもある。

　3　時間を気にすれば時が経つのが速く感じ、気にしなければ遅く感じることがある。

　4　人は時間を考えながら生活するのであり、考えないで生活することはできない。

（4）

以下はある企業からユーザーに送られた文書の一部である。

20XX 年 2 月 15 日

お客様各位

洛中ガス株式会社
総務部

アンケートのお願い

　洛中ガスでは、使いやすくお手入れも簡単なガスレンジの開発に力を入れて
まいりました。昨年度、「ミラクルガステーブル」を発売いたしましたところ、
たくさんのお客様にお買い上げいただきました。現在、さらに高機能な「プレ
ミアムガステーブル」を開発中でございます。

　そこで、お客様から「ミラクルガステーブル」についての使い心地や改善し
てほしい点などを広く伺い、新製品の開発に役立てたいと考えております。つ
きましては、別紙のアンケートにお答えいただき、同封の返信用封筒にて、期
日までにご返送いただきますようお願い申し上げます。ご返送いただいた方に
は、もれなく粗品を進呈いたします。

[4] 文書によると、この企業は何を知るためにアンケートをしようとしているか。

1　ミラクルガステーブルを買った理由

2　ミラクルガステーブルを使った感想

3　プレミアムガステーブルを買わなかった理由

4　プレミアムガステーブルを買いたいかどうか

(5)

　街を歩けばたくさんの店が立ち並び、さまざまな商品が溢れています。必要なものはインターネットで検索して、家にいながらにしていつでも購入できます。

　しかし、最近、絶対にこれ、と思える「本当に欲しいもの」に出会ったことはあるでしょうか？　なんとなく流行りにつられて買ったもの、とりあえず安いから買ったもの。いつのまにかぼくたちの周りは、そういったもので埋め尽くされていないでしょうか。

　（中略）

　これだけモノがありながら、いや、あるからこそ、何かを買いたいときに、何を選んだらいいのか分からない。そんな状況が、現代なのです。

　　　　　（水野学ほか『デザインの誤解—いま求められている「定着」をつくる仕組み』祥伝社による）

（注1）溢れる：いっぱいになって外に出る
（注2）埋め尽くす：物や人でいっぱいになり、入るところがなくなる

5　筆者は現代の状況をどのようにとらえているか。

1　人は「本当に欲しいもの」が分からない。

2　人は「本当に欲しいもの」がありすぎて選べない。

3　買いたいものは街の店にいっぱいあるのでインターネットは使われない。

4　買いたいものはインターネットで買うと安いことが多い。

問題2 次の（1）から（3）の文章を読んで、後の問いに対する答えとして最もよい
ものを、1・2・3・4から一つ選びなさい。

（1）

　私は、親が子供にしてやれる大きな事業の一つは、別れることを上手にやってのける
ことだ、と考えていました。子供を教育しながら、しかも最終目的は独立を完成したその
相手の前からさりげなく姿を消す。これは、常に感謝され、自分の与えたものを相手
に確認してもらいたい普通の人間関係においてはなかなかできにくいことですが、親の
愛情というものは、本来、無私（むし）の愛であるはずです。

　私には、息子が一人います。彼は、自分の希望で18歳の時に名古屋の大学へ進みま
した。私が息子の重荷にならないほうがいいと思っていたところに、幸い、息子が別人
生を歩み出したのです。経済的には私たちが面倒をみていましたが、その時にいわゆる
子育ては終わりました。

　それからもう35年以上が経っています。私と暮らした年月の倍は別人生を歩いてい
ますから、趣味も何もかも違って当たり前。もちろん、<u>とても深く深く心にかかる存在
ではあります</u>①。病気になったら気になるし、ちょっと具合の悪いことがあったら、うま
くいくといいなと思う。しかし、それは長くよく知っている人だから気がかりなのだ、
と考えるようにしています。

　友人でも、30数年付き合っているけれど、貯金をいくら持っているかまでは知らな
い人というのが、いっぱいいます。そういう友人との関係と同じように、もし私を受け
入れていただけたら、<u>仲よくしてください</u>②、という気持ちでいたほうがいいと思う。そ
れ以外に成人した子供と親がうまくいく秘訣（ひけつ）はないような気がします。

（曽野綾子『老いの才覚』ベスト新書による）

6 　①<u>とても深く深く心にかかる存在ではあります</u>とあるが、筆者はそれはどうしてだ
と考えるようにしているか。

　1　長い間一緒に住んでいないから

　2　昔からよく知っている人だから

　3　よく病気になる人だから

　4　学費などの援助をしているから

7 ②仲よくしてくださいとあるが、だれに対して言っているのか。

　　1　三十年来の友人

　　2　読者

　　3　両親

　　4　子供

8 内容と最も合っているものはどれか。

　　1　子育てで最も大切なことは、なるべく早く子供を独立させることだ。

　　2　子供が独立するとき、経済的に援助をしないほうがうまくいく。

　　3　子育てが終わったら、子供と距離を置いたほうがいい。

　　4　してあげたことを子供に感謝してほしいと思う親はいないだろう。

第1回 第2回 第3回 第4回 第5回

(2)

　学生たちに聞くと、これまで学校で先生から叱られたことなどほとんどないし、周囲の友だちが叱られるのを見たこともほとんどないという。私などが生徒だった時代には先生にきつく叱られるのは日常茶飯事だったが、どうも様相が一変しているようなのだ。生徒が悪いことをしても、先生は叱るのではなく、

「そういうことはしない方がいいよ」

といった感じで「お話をする」のだという。結局、先生たちは、生徒に望ましくない行動傾向がみられても、それを直接指摘して直させようとするのでなく、やんわり伝えて本人の自覚を促すことしかできないのである。

　アルバイト先で遅刻して店長から叱られて、逆ギレして辞めた友だちがいるという学生たちが結構いるのだが、彼らによれば、これまで遅刻しても叱られることはなかったから、どうして叱られるのかがわからず、ムカついて我慢できなくなるのだという。

　（中略）

　注意されたり叱られたりといった経験が乏しいため、注意されたり叱られたりすることに対する耐性が極端に乏しい。頭で考える余裕がなく、自分を否定されたような気になり、我慢ができず、感情的な反応を示してしまうのである。

（榎本博明　『伸びる子どもは〇〇がすごい』日経プレミアシリーズによる）

（注1）日常茶飯事：よくあること

（注2）逆ギレ：怒られている人のほうが急に怒り出すこと

9　筆者が生徒だったころと今と違うところはどんなところか。

　1　昔の店長はアルバイトが遅刻したら叱ったが、今はそうではない。

　2　昔の店長は叱る理由を言ったが、今はそうではない。

　3　昔の先生は友だちも一緒に叱ったが、今はそうではない。

　4　昔の先生は生徒をよく叱ったが、今はそうではない。

10　「お話をする」とあるが、何についてどのように話すのか。

　　1　昔の叱り方との違いについてはっきりと

　　2　先生が怒っている内容についてきつく

　　3　望ましくない行動傾向についてやんわりと

　　4　直すべき点について直接

11　この文章の内容と合っているのはどれか。

　　1　叱られた経験が少ない今の学生は、叱られると感情的になることがある。

　　2　筆者が生徒の頃の先生は単に叱るのではなく、納得するまで話をしてくれた。

　　3　学生が恥ずかしいと感じないように先生はみんなの前で叱らないようにしている。

　　4　アルバイトに遅刻した人をきつく叱ると辞める場合があるので、注意が必要だ。

第1回
第2回
第3回
第4回
第5回

(3)

以下は、日本で2011年3月11日に発生した大地震についての文章である。

　生まれてまもない君に、いつか読んでほしい句がある。〈寒き世に泪そなへて生れ来し〉（正木浩一）。君も「寒き世」の凍える夜に生まれた。列島におびただしい泪が流れた日である。

　震災の夜、宮城県石巻市の避難所でお母さんが産気づいた。被災者の女性たちが手を貸した。停電の暗闇で懐中電灯の明かりを頼りに、へその緒を裁縫用の糸でしばり、君を発泡スチロールの箱に入れて暖めたという。

　男の子という以外、君のことは何も知らない。それでも、ふと思うときがある。僕たちは誕生日を同じくするきょうだいかも知れないと。
　　　　　①

　日本人の一人ひとりがあの地震を境に、いままでよりも他人の痛みに少し敏感で、少し涙もろくなった新しい人生を歩み出そうとしている。原発では深刻な危機がつづき、復興の光明はまだ見えないけれど、「寒き世」は「あたたかき世」になる。する。どちらが早く足を踏ん張って立ち上がるか、競争だろう。
　　　　　　　　　　　　　　　　　　　　　　　　　　　　　②

　原爆忌や終戦記念日のある8月と同じように、日本人にとって特別な月となった3月が、きょうで終わる。名前も知らぬ君よ。たくましく、美しく、一緒に育とう。

（「編集手帳」読売新聞 2011 年 3 月 31 日による）

（注）産気づく：今にも出産しそうな状態になる

12 ①誕生日を同じくするとあるが、いつか。

　　1　筆者が生まれた日

　　2　この文章が書かれた日

　　3　地震があった日

　　4　戦争が終わった日

13　②どちらとあるが、誰と誰か。

　　1　地震の日の夜に生まれた男の子と日本人

　　2　地震の日の夜に生まれた男の子と筆者

　　3　筆者とこれを読んでいる読者

　　4　筆者と原発の関係者

14　筆者がこの文章で最も伝えたかったことは何か。

　　1　3月に日本で巨大な地震があったこと

　　2　地震の日の夜に、多くの人の協力で生まれた男の子がいること

　　3　復興のきっかけはまだ見えないが、これから頑張っていこうということ

　　4　3月が終わるので、地震のことは忘れて明るい気持ちで生きようということ

問題3 次のＡとＢの文章を読んで、後の問いに対する答えとして最もよいものを、1・
2・3・4から一つ選びなさい。

A

　　先日、友人が「ここ 10 年ほど映画館に行っていない」と言った。それを聞
いて非常に驚いた。映画は見るが、インターネットの動画配信や、テレビ、
DVD などで見るだけだそうだ。私も映画館以外で見ることもあるが、スマホ
を見てしまったり、おなかが空いたら冷蔵庫を開けてしまったりもした。また、
宅配業者が来て一時停止せざるを得ないこともある。これでは映画に集中がで
きない。気が散ってしまったためか、そうして見た映画は内容を覚えていない
部分もある。映画館で見ると、最初から最後まで集中して、しっかりと楽しむ
ことができる。そのため、内容はよく覚えている。これからもできるだけ映画
館で見たいと思っている。

B

　　映画館で映画を見ると、ほかのことができず、その世界に入り込んで夢中に
なれるから好きだ。一方、動画配信サービスなどを使い、映画館以外の場所で
見るのも好きだ。話の展開がゆっくりになったときは少し退屈になり、スマホ
を見ながら映画を見ることもある。これは映画館ではできないことだ。また、
聞き逃したときや、理解できなかった台詞をもう一度聞くこともできるし、見
るのに疲れたら休んで、別の日に見ることだってできる。先日も夜中に映画を
見始めて、途中で寝てしまった。次の日に続きを見ることもできた。集中して
見るのもいいが、自分のペースで見られるのも便利だと思う。

15 AとBの文章で共通して述べられていることは何か。

1　映画は映画館で見るほうがいい。

2　映画館以外で映画を見るのは好まない。

3　映画は映画館で見ると集中できる。

4　映画は映画館以外で見ることをすすめる。

16 映画鑑賞についてAとBはどのように述べているか。

1　AもBも、映画は映画館で見るのをすすめると述べている。

2　AもBも、映画は映画館で見るより、動画配信や、テレビ、DVDなどで見た
　　ほうがいいと述べている。

3　Aは映画館で見ると集中して見られるため、内容もよく覚えていると述べ、B
　　は映画館でもいいが、それ以外の場所で見るのもいいと述べている。

4　Aは映画館以外で見ると集中が続かないが、内容もよく分かるからいいと述べ、
　　Bは映画館で見るのも、それ以外の方法で見るも好きだと述べている。

問題4 次の文章を読んで、後の問いに対する答えとして最もよいものを、1・2・3・4から一つ選びなさい。

　人の心に響いたり、やる気を引き出すような言葉を生み出すために、<u>多くの人が大きく誤解している</u>ことがある。
　　　　　　　　　　　　　　　　　　　　　　　①

　それは、聞き心地がよく、文字の並びも美しい「美文」がよいとするものだ。

　もちろん、美しい言葉や美しい文章に意味がないとは思わない。しかしながら、美文が珍重（ちんちょう）されるのは、文学や小説といった分野であり、実社会においてはこうした美しい文章や言葉が、必ずしも人の心を動かすわけではない。

　そのため、私は、<u>言葉を「国語」としてではなく、「社会学」や「現代社会」の分野に属す（ぞく）るものとして捉（とら）えている</u>。国語として知らないといけないことも多分にあるのだが、自分
　　　②
と他者の関係や、自分と家庭や会社といったコミュニティとの関係があるからこそ、言葉が重要になるからである。

　では、美文が人の心を動かすことがないというならば、どんな言葉が、人の心を動かし得るのだろうか。

　私が考える唯一の方法は、思いをさらけ出すことに集約される。

　当然のことながら、思いをさらけ出すためには、さらけ出したいと思える思いがないと意味がない。さらに、思いの全体像を把握（はあく）していなければ、何をさらけ出したらいいかも分からない。

　そのために、思いを内なる言葉として捉（とら）えることで扱いやすい形に置き換え、内なる言葉を掘り下げたり、拡張（かくちょう）させることで、解像度（かいぞうど）を上げることが重要となる。

　すると、思いはどんどん成長し、自分という枠（わく）に収まらないほど大きくなっていく。自分のやりたいことや、なりたいもの、なすべきことが明確になるだけでなく、常に考えや思考を整理できている状態になるので、何の準備をしていなくても途切れることなく話をしたり、書いたりすることができるようにもなる。今流行りの雑談力や会話力も自然と身についてくる。

　あとは、思いの全てを出し切れるかどうか。話しきれるか、書ききれるかが勝負になってくる。

（梅田悟司『「言葉にできる」は武器になる』日本経済新聞出版社による）

17 ①多くの人が大きく誤解しているとあるが、筆者は何が誤解だと言っているか。

1 言葉は社会学や現代社会の分野に属するということ

2 コミュニティとの関係をつくるためには言葉が大切だということ

3 文学や小説には論理的な言葉は不必要だということ

4 美しい言葉や文章が人の心を動かすということ

18 ②言葉を「国語」としてではなく、「社会学」や「現代社会」の分野に属するものとして捉えているとあるが、その意味として正しいものはどれか。

1 家庭や会社での人間関係がよければ、自分の気持ちがさらけ出せるということ

2 自分の気持ちをそのまま言葉に出すと、コミュニティで問題が起こるということ

3 国語を知らなければ社会の中ではうまくやっていけないということ

4 他者との関係があるからこそ言葉が重要だということ

19 筆者がこの文章で言いたいことはどれか。

1 思いが成長しすぎると、自分のやりたいことがわからなくなる。

2 言葉を生み出すために、自分と向き合うことはあまり意味がない。

3 人の心を動かすためには、自分の思いを整理し、さらけ出すことが必要だ。

4 雑談力や会話力を身につけるためには、しっかり準備することが重要だ。

問題5 右のページは、山森市が主催する写真コンテストの募集要項である。下の問い
に対する答えとして最もよいものを、1・2・3・4から一つ選びなさい。

20 去年、このコンテストで山森賞をもらった鈴木さんは今年も応募しようと思ってい
る。鈴木さんができることはどれか。

1 去年、別のコンテストで入賞した、山森市の山々を撮った写真を応募する。

2 スマホで撮った山森市の川の写真をカラープリントしてスマホの部に応募する。

3 他に応募の予定がない山森市の海を撮った写真をビギナーの部に応募する。

4 山森市の海で撮った子どもの写真を、その子どもの親に許可をもらってシニア
の部に応募する。

21 入賞したかどうか知るために、鈴木さんはどうすればいいか。

1 市役所に聞きに行く。

2 賞金が送られてくるのを待つ。

3 電話で問い合わせる。

4 市役所からのメールを待つ。

山森市写真コンテスト 20XX　作品募集要項

＊応募期間：20XX 年 11 月 30 日まで

＊テーマ：「山森市」

＊対象：シニアの部…山森市が行った以前の写真コンテストで入賞したことがある方
　　　　ビギナーの部…山森市が行った以前の写真コンテストで入賞したことがない方
　　　　スマホの部…どなたでも応募できます。

＊審査員：小宮広信（写真家）・北川ケイスケ（アートディレクター）・福山智弘（山森市市長）

＊応募作品について：

・山森市の自然を撮影したものに限ります。

・シニアの部およびビギナーの部は、カラープリントに限ります。サイズは、A4、六切、ワイド六切

・応募作品は未発表で、発表予定のないものに限ります。他のコンテストへの二重応募または類似作品とみなされる作品は失格となります。

・写真に人物が写っている場合は、必ずご本人（被写体）の承諾を得てください。被写体が未成年の場合は、親権者の承諾が必要です。

・入賞決定後に違反が判明した場合は、入賞を取り消す場合がございます。

＊応募方法：

・おひとり様何点でもご応募いただけます。

・シニアの部およびビギナーの部については、市役所まで直接お持ちください。

・スマホの部は、データを p-contest@yamamori-city.or.jp までお送りください。タイトルは「山森市写真コンテスト」としてください。ホームページからダウンロードした応募用紙も一緒に送信してください。

・応募用紙は市役所の 1 階で配布しています。また、ホームページからダウンロードもできます。

＊賞・賞金：

	シニアの部	ビギナーの部	スマホの部
グランプリ	5 万円（1 名）	3 万円（1 名）	1 万円（1 名）
特賞	3 万円（2 名）	1 万円（2 名）	5 千円（2 名）
山森賞	1 万円（5 名）	5 千円（5 名）	3 千円（5 名）

＊応募に関するお問い合わせ：

　市役所　写真コンテスト担当　山本　：07X-X216-8888

＊発表：

・発表は 12 月下旬の賞金の発送をもって代えさせて頂きます。電話や窓口での問い合わせに応じられません。

・入賞作品は、新年より 1 か月間、市役所 1 階に貼りだします。

執筆者紹介

上田暢美（うえだ のぶみ）
大学・日本語学校非常勤講師

内田嘉美（うちだ よしみ）
日本語学校非常勤講師

桑島卓男（くわじま たくお）
元日本語講師／北海道厚沢部町公営塾 講師

糠野永未子（ぬかの えみこ）
大学・日本語学校非常勤講師

吉田歌織（よしだ かおり）
大学・日本語学校非常勤講師

若林佐恵里（わかばやし さえり）
日本語教師／日本語教師養成講座講師／ライター

安達万里江（あだち まりえ）
筑波学院大学 助教（日本語教育）

とりあえず日本語能力試験対策　N2　読解

2023 年 12 月 1 日　初版第 1 刷発行

著者 ･･･････････････････ 上田暢美・内田嘉美・桑島卓男・糠野永未子・吉田歌織・若林佐恵里・安達万里江
発行者 ･･････････････････ 吉峰晃一朗・田中哲哉
発行所 ･･････････････････ 株式会社ココ出版
　　　　　　　　　　　　〒162-0828 東京都新宿区袋町 25-30-107
　　　　　　　　　　　　電話 03-3269-5438　ファクス 03-3269-5438
装丁・組版設計 ･･････ 工藤亜矢子（okappa design）
編集協力 ･･････････････ 平井美里
印刷・製本 ･･･････････ 株式会社シナノパブリッシングプレス

ISBN 978-4-86676-046-9

読解／解答・解説

N2

第1回

問題1

1 2 最後の文に注目する。

2 3

3 4 5行目に注目する。「楽しさはより個人的なものになっている」。

4 1 3行目から4行目に注目する。「耳を貸さない」＝聞かない。

5 3 本文4行目「この件に関しては」以降に注目する。

問題2

6 1

7 3 次の文の「つまり」以後に注目する。

8 2

9 4

10 3

11 4 最後の文に注目する。

12 2

13 4

14 2

問題3

15 1

16 3

問題4

17 1 3行目に注目する。

18 2 15行目に注目する。地質学者や電気工学者を例に出して、自分が日本文学を研究してきたから、日本文学に詳しいのは当たり前だと言っている。

19 4

問題5

20 2 1⇒ボランティアスタッフは電話で申し込むので×。

3,4⇒期限が過ぎており、またボランティアスタッフは電話で申し込むので×。

21 2 1⇒「飲み物を持って来られることをおすすめします」とあり必ずではない。

3⇒「駐車スペースには限りがあるので、できる限り（＝できるだけ）公共交通機関をお使いください」とある。

4⇒腕時計が必要なのはボランティアスタッフ。

第2回

問題1

1 3　最後に「おなか、ぱんぱんなんですよぉ」という言葉でこちらも満足するとある。

2 1

3 1　3行目からの文章に注目する。

4 3

5 3

問題2

6 1　「それを使うときの」とある。「それ」が指すものは「わからないけど」で、「嫌な言葉」だと5行目にある。

7 3　16行目に注目する。「相手を置きざりにして話を進めて行ったのでは」とある。

8 4

9 2　4行目に注目する。

10 4　8行目に注目する。

11 1　第5段落に注目する。

12 3　1行目の「誰にとっても」以降に注目する。

13 4　11行目の「時代が変わり」以降に注目する。

14 3　3以外の選択肢は筆者の意見とは逆である。

問題3

15 3　Aの1行目、Bの2行目に注目する。

16 1　Aは5行目で「ペースは抑え気味で」と言っている。Bは最後の文で「まずは"歩くことを習慣化する"ことから」と言っている。

問題4

17 4　第4段落と第5段落の内容をまとめると正答になる。

18 3　直前に、人間は「互いに心があると信じている」とある。つまり、人間がロボットに心があると感じられればロボットにも心があることになる。

19 4　最後の文に注目する。

問題5

20 1　2⇒クレジットカードを使えるのは市内観光案内所のみである。
　　3⇒路面電車の駅では買えるが、車内では買えない。
　　4⇒クレジットカードが使えるのは市内観光案内所のみである。

21 2　1⇒2日パスは連続で使わなければならないので×。
　　3⇒返金に対応しているのは市内観光案内所のみなので×。
　　4⇒5日以内に返金してもらわなければなければならないので×。また、返金額も違う。

第3回

問題1

1　3

2　1　ビジネス文書では「さて」以降に伝えたいことが書いてある。150 箱のうち 50 箱の発送が遅れると言っている。

3　4　5 行目「つまり」以降に注目する。

4　4　4 行目「優れた作品を選ぶのではなく」以降に注目する。

5　3

問題2

6　4　6 行目に注目する。

7　1　14 行目（　　）内（僕は～以降）に注目する。

8　3　本文冒頭に注目する

9　1

10　3

11　3

12　2　直前の文に注目する。「肉を直接与えるのではなく、自分で食べ物を得るようにさせるのです」＝狩りの仕方を教える。

13　1　直前の文に注目する。「長い目で見ると、全く成長しない」＝自分で食べ物を得ることができない。

14　2　最後の文「全てを与えられると、何もできない人間になってしまうのです」＝親は子に与えるだけでなく、子が自分の力で生きていけるようにすることが大事。

問題3

15　1　A の 1 行目、B の 2 行目の「例えば」から始まる文に注目する。

16　3　A は便利だと述べたあと、「しかし」以降で環境について述べている。B は環境への悪影響から始まって、それでも便利なものを捨てることはできないと言っている。

問題4

17　3　直前の「自分を豊かにし、」からに注目する。

18　4　9 行目「別荘をもっていたら」からの文と、第 3 段落の前半に注目する。

19　2

問題5

20　1　C コースと D コースは授業時間内に開催がない。

21　3　C コース 1 回目終了の 12 : 30 以降の開始で、美術館を出る 15 : 30 までに終了するのは、A コースの 2 回目と D コースの 1 回目だけである。このうち D コースは予約が必要であるから、参加できるのは A コースだけとなる。

第4回

問題1

1 1

2 2 直前の文に注目する。

3 3 第3段落に注目する。

4 3

5 1 「注意事項」に注目する。

問題2

6 3

7 4 直前の段落に注目する。

8 2

9 3 直前の文に注目する。

10 1

11 3

12 3 直後の2文に注目する。

13 4

14 4

問題3

15 1 Aは第3文、Bは第2文に注目する

16 2

問題4

17 2

18 2 直前部分に注目する。

19 1

問題5

20 2 「更新方法」に注目する。銀行振り込みの場合、振込手数料も必要。

21 4 鈴木さんは学生会員で、入会金 (2,500円) ＋会員の通常鑑賞料金 (800円) ＋会員でない友達の鑑賞料金 (1000円)。

第5回

問題1

1 3

2 3 第2段落に注目する。

3 2

4 2 第2段落の第1文に注目する。

5 1

問題2

6 2 2文あとの「しかし、それは〜」の文に注目する。

7 4

8 3

9 4

10 3

11 1

12 3

13 1

14 3 第4段落の後半に注目する。

問題3

15 3 Aは7行目、Bは1行目に注目する。

16 3

問題4

17 4 直後の文に注目する。

18 4

19 3

問題5

20 4 1「未発表」でなければならない。
2スマホの部はデータを送る。
3鈴木さんは去年のコンテストで入賞している。

21 2 「発表」の項に注目する。